Regina Kirchmeier

Erfolgreiche Influencer Relations

Wie reagieren Follower auf Kooperationen zwischen Influencern und Unternehmen?

Bibliografische Information der Deutschen Nationalbibliothek:

Die Deutsche Nationalbibliothek verzeichnet diese Publikation in der Deutschen Nationalbibliografie; detaillierte bibliografische Daten sind im Internet über http://dnb.d-nb.de abrufbar.

Impressum:

Copyright © Studylab 2019

Ein Imprint der Open Publishing GmbH, München

Druck und Bindung: Books on Demand GmbH, Norderstedt, Germany

Coverbild: Open Publishing GmbH | Freepik.com | Flaticon.com | ei8htz

II

Inhaltsverzeichnis

Abbildungsverzeichnis

1 Einleitung

1.1 Forschungsinteresse und Relevanz

Die Influencer Relations gewinnen zunehmend an Bedeutung und immer mehr Unternehmen arbeiten mit Influencern zusammen. Sie spielen heute eine wichtigere Rolle denn je, da Konsumenten ihre Kaufentscheidungen vermehrt auf Basis von Rezensionen und Bewertungen Anderer fällen (Nguyen, 2018).

Einer Studie von Webguerillas (2016) zufolge planen 68 Prozent der befragten Marketing-Entscheider zukünftig mit Influencern zu arbeiten. Bei der Analyse zeigte sich zudem, dass 40 Prozent der Befragten schon mindestens ein Produkt aufgrund der Kaufempfehlung eines Bloggers gekauft haben. Organisationen versuchen Influencer aufgrund der Bindung zu ihrer Community als Kommunikatoren zu nutzen bzw. in ihre Kommunikationsaktivitäten einzubinden (Borchers & Enke, 2018, S. 183).

Die Influencer Kommunikation stellt in der wissenschaftlichen Auseinandersetzung ein noch nicht ausgiebig behandeltes Thema dar, während sie sich in der Praxis gerade sehr schnell entwickeln (Schach, 2018b, S. 4). Der Fokus der bisherigen wissenschaftlichen Auseinandersetzung liegt stärker auf der Identifikation der richtigen Influencer, dem richtigen Umgang mit diesen, wie ein Unternehmen sie einsetzen kann und welche direkte Wirkung Influencer auf ihre Follower haben, vor allem in Bezug auf ihr Kaufverhalten (vgl. Rabach, 2018; Nguyen, 2018, Borchers & Enke, 2018). Die Evaluationsmöglichkeiten von Kommunikationsaktivitäten sind online sehr vielfältig, detailliert und transparent (Schulz & Grimm, 2015, S. 46). Geht es allerding um die psychologische Wirkung von Botschaften reichen Kennzahlen wie Seitenaufrufe und Klickraten nicht aus. Um den Erfolg von Social-Media-Kommunikation zu messen, müssen auch qualitative Erfolgskennzahlen beachtet werden (Kilian, 2010, S. 159). Eine Sache wird bei der Evaluation bisher vernachlässigt: Die Wahrnehmung und Bewertung der Kooperation als Mittel der Influencer Kommunikation durch die Follower. Eine Erfolgsmessung der Werte Vertrauen und Akzeptanz, die die Influencer so interessant machen, findet nur selten statt (Borchers & Enke, 2018, S.194).

Zur gleichen Zeit baut sich das Thema Schleichwerbung durch Influencer Relations auf, was vermutlich auf die fehlenden gesetzlichen Bestimmungen zur Kennzeichnung von bezahlten Kooperationsbeiträgen zurückzuführen ist. Richtlinien des DRPR (Deutscher Rat für Public Relations) geben hier Hinweise (vgl. DRPR,

2011). Nicht selten versuchen Unternehmen und Influencer die werbliche Absicht hinter Kooperationen zu verschleiern. Doch weshalb ist dies so? Erkennen Follower die werbliche Absicht hinter einem Beitrag, werden sie sich einer Beeinflussung bewusst (Colliander & Erlandsson, 2015). Die Wirkungsforschung hat gezeigt, dass sobald das Persuasionswissen aktiviert ist, Follower der erkannten Persuasionsabsicht mit Reaktanz oder Toleranz begegnen können (ebd.). Unternehmen sowie Influencer scheinen eine Reaktanz zu fürchten und sie vermeiden zu wollen. Es liegt jedoch auf der Hand, dass dies nicht die ewige Lösung für Kooperationen bleiben darf. Meinen und Gerecke (2018) sind der Meinung, die Wirkung von Botschaften sei bei werblicher Kennzeichnung nicht geringer: „Aus unserer Sicht gibt es zahlreiche Indizien, die das Gegenteil nahelegen. So berichten Blogger und andere Influencer immer wieder von positivem Feedback ihrer Leser und Follower zu ihrem offenen Umgang mit bezahltem Content. Zudem stellen sie fest, dass Zugriffszahlen auf gekennzeichnete Beiträge nicht oder kaum von anderem Content abweichen" (ebd.). Die Frage, wie Follower Kooperationen wahrnehmen und was ihnen dabei wichtig ist, wurde bislang jedoch nicht untersucht. G+J (2017) fragte in einer Studie, ob Kooperationen deutlich gekennzeichnet werden sollten, worauf es sehr unterschiedliche Antworten gab: von „solange sie gekennzeichnet sind" über „sie schaden der Glaubwürdigkeit" bis „sie sind störend". Diese Aussagen wurden jedoch nicht weiter untersucht und nur beispielhaft genannt. Weitere Gründe für diese Bewertungen werblicher Beiträge wurden nicht ermittelt.

Ziel der Bachelorarbeit soll es sein, herauszufinden, welche Faktoren sich auf den Erfolg von Influencer Kooperationen auswirken und die Meinungen und Einstellungen der Follower dazu einzuholen. Unternehmen erhoffen sich durch Influencer eine glaubwürdige Kommunikation und auch in der Wissenschaft beschäftigt man sich bereits mit Erfolgsfaktoren für Kooperationen zwischen Influencern und Unternehmen. Bislang wurden die Follower, bei denen die Kooperation glaubwürdig ankommen soll, dazu nicht befragt. Diese Arbeit soll diese Lücke schließen und die Perspektive der Follower beleuchten. Die Meinungen und Einstellungen zu Influencer Kooperationen stehen hierbei im Mittelpunkt. Folgende Forschungsfrage soll dabei Hilfestellung leisten:

> Wie bewerten Follower Einflussfaktoren auf den Erfolg von Kooperationen zwischen Influencern und Unternehmen?

1.2 Erwartete Befunde und Erkenntniswert der Arbeit

Unternehmen sowie Influencer sollen nach einer empirischen Untersuchung Leitlinien an die Hand bekommen, die zeigen, wie Kooperationen bei den Followern Anklang finden und positiv aufgenommen werden und wann dies nicht der Fall ist. Durch die Untersuchung von Kooperationen und wie die Follower diese wahrnehmen, können im Nachhinein Hinweise für eine erfolgreiche Kooperation gegeben werden. Diese Erkenntnisse können Unternehmen beispielsweise zeigen, welche und auch wie häufig Kooperationen bei ihrer Zielgruppe gut ankommen. Sie können durch diese Untersuchung erfahren, wie sich Follower, und damit ihre Zielgruppe, eine gute Kooperation vorstellen und wie sie diese besser erreichen können. Unternehmen können so bessere Rahmenbedingungen für Kooperationen schaffen und die Influencer Relations zielführender und ergebnisorientierter einsetzen. Zudem profitieren auch Influencer von diesem Wissen, da auch sie daran interessiert sein dürften, ihre Glaubwürdigkeit ihren Followern gegenüber durch gute Kooperationen zu wahren. Eventuell liefern die Ergebnisse ein Gegenargument dafür, Kooperationen nicht zu kennzeichnen und zeigen einen besseren Weg auf, als diese vor den Followern zu verschleiern und Schleichwerbung zu betreiben.

1.3 Was Sie erwartet

Zu Beginn findet auf Literaturbasis eine wissenschaftliche Einordnung des Themas Influencer Kommunikation statt. Welche Ziele verfolgen Unternehmen mit der Influencer Kommunikation und wo lässt sie sich verorten? Es soll deutlich gemacht werden, welche Vorteile die Influencer Kommunikation und Kooperationen mit Influencern mit sich bringen und welche Rolle die Glaubwürdigkeit in diesem Kontext spielt. Da Instagram und YouTube zu den beliebtesten Plattformen für Influencer zählen (Connolly, 2017) und die Kooperationsmöglichkeiten auf beiden Plattformen, wie im Laufe der Arbeit ersichtlich wird, vergleichbar sind, wird sich die Arbeit auf Kooperationen auf diesen Plattformen beschränken. Welche verschiedenen Möglichkeiten existieren, um mit Influencern zusammenzuarbeiten und wie sich diese auf YouTube und Instagram gestalten, soll beleuchtet werden. Nach einer ausgiebigen Literaturrecherche werden Faktoren für eine in der Theorie erfolgreiche Kooperation herausgefiltert. Anschließend werden Hypothesen zur Bewertung dieser Faktoren durch die Follower abgeleitet. Nach dem theoretischen Teil der Arbeit geht es dann über in die Empirie. Mittels einer standardisierten Online-Befragung wird ermittelt, wie Follower die Faktoren für eine erfolgreiche Kooperation bewerten. Die Hypothesen werden anhand der Ergebnisse der Befragung überprüft. Die Arbeit schließt mit einem Leitfaden für eine, aus Sicht der Follower, erfolgreiche Kooperation auf Instagram und YouTube.

2 Influencer im wissenschaftlichen Kontext

In diesem Kapitel werden zunächst grundlegende Begriffe erläutert, um ein Verständnis für Influencer Kommunikation zu schaffen. So werden Influencer und ihre Stärken definiert sowie Vorteile für Unternehmen gesammelt.

2.1 Was macht Influencer aus?

Influencer sind Personen, die auf den sozialen Plattformen sehr gut vernetzt sind und ein hohes Ansehen genießen. Sie beeinflussen mit ihrem Handeln andere Personen (Hedemann, 2014) und fungieren aufgrund ihres Wissens und ihrer Reichweite als Meinungsbildner. Influencer sind kreativ und können Ideen entwickeln sowie Content erstellen. Dabei wissen sie genau, was bei ihren Followern ankommt und wie sie diese mit relevanten Inhalten erreichen (Tamblé, 2017). Laut Schach (2018a, S. 31) sind Influencer Personen,

> „die aufgrund ihres digitalen Netzwerks, ihrer Persönlichkeitsstärke, einer bestimmten Themenkompetenz und kommunikativen Aktivität eine zugesprochene Glaubwürdigkeit für bestimmte Themen besitzen und diese einer breiten Personengruppe über digitale Kanäle zugänglich machen können."

Ihnen wird ein hoher Einfluss auf ihre Follower sowie eine hohe Glaubwürdigkeit und Authentizität zugesprochen (vgl. Gannon & Prothero, 2016; Schach, 2018a; Rabach, 2018). Follower sind in diesem Kontext Personen, die in den sozialen Medien aktiv Inhalte rezipieren und Influencern auf den jeweiligen Plattformen folgen oder abonnieren, die sie persönlich glaubwürdig und authentisch finden (Nguyen, 2018, S. 149). Influencer betreiben einen Blog oder sind auf bestehenden sozialen Netzwerken wie Twitter, YouTube, Snapchat oder Instagram aktiv (Ruisinger, 2016, S. 103). Sie alle vereint eine hohe digitale Kompetenz und eine starke Präsenz in den sozialen Medien (Inreach, 2017). Instagram, YouTube und Blogs sind dabei Kanäle, auf denen sich die Influencer derzeit am meisten bewegen (Nirschl & Steinberg, 2018, S. 19).

Eine Studie von BVDW & Influry (2017) ergibt, dass Empfehlungen von Influencern, wie etwa YouTubern und Instagrammern, die Nutzer in Deutschland überzeugen. Die Nutzer schreiben Influencern eine hohe Glaubwürdigkeit zu und fühlen sich bei Produktpräsentationen gut informiert. Sie liegen im Glaubwürdigkeitsranking für Produktempfehlungen vor Artikeln in Zeitungen/Zeitschriften (27 %), Empfehlungen von Social-Media-Freunden (26 %), Printanzeigen (12 %)

oder TV-Spots (7%). Wichtiger seien nur Empfehlungen von Freunden (63 %) und Kundenbewertungen auf Produktseiten (48 %) (BVDW & Influry, 2017).

Nirschl & Steinberg (2018, S. 40) haben Faktoren definiert, an denen sich der Erfolg der Influencer messen lässt. Zu diesen zählen Reichweite, Relevanz, Reputation, Resonanz, Zieldefinition und Zielgruppe. In Experteninterviews fanden sie zudem heraus, dass Akzeptanz in der Zielgruppe von Bedeutung sei, jedoch auch Influencer mit einer kleinen Zielgruppe interessant sein können (ebd., S. 33f.). Diese sogenannten Mikro-Influencer punkten mit hohen Engagement-Raten und einer guten Bindung zu ihren Followern, die ähnliche Interessen aufweisen und damit oft eine definierte Zielgruppe ausmachen. Ihnen wird eine hohe Motivation, Glaubwürdigkeit und Authentizität zugeschrieben (Kirchmeier, 2018, S. 311).

Es lässt sich festhalten, dass Influencern durchgängig eine hohe Glaubwürdigkeit zugeschrieben wird. Follower empfinden Botschaften von Influencern glaubwürdiger als viele andere Medieninhalte. „Die authentische Präsentation von Produkten ist eine Stärke von Influencern. Dennoch müssen sie dafür sorgen, dass Produkte und Unternehmen wahrgenommen werden, ohne dabei zu werblich zu wirken" (Firsching, 2017).

2.2 Definition und Verortung der Influencer Kommunikation

Viele Unternehmen haben die oben genannten Stärken der Influencer bereits für sich erkannt. Jetzt geht es darum, diese auch richtig zu nutzen. Dieses Kapitel erklärt die Influencer Kommunikation und wie sie eingesetzt wird.

Laut Pleil (2018, S. 64), lassen sich die Begriffe Influencer Relations und Influencer Marketing in der Praxis nur schwer unterscheiden, weshalb er den Begriff der Influencer Kommunikation empfiehlt, welcher auch in dieser Arbeit genutzt wird. Influencer Kommunikation zielt darauf ab, Influencer in Kommunikations- bzw. Marketingstrategien einzubinden, sodass diese durch ihre Reputation dazu beitragen, bestimmte Ziele zu erreichen. „Die resultierende Reichweite und Reputation des Influencers wird somit zu einer Ressource für Unternehmen, welche die Relevanz ihrer Werbebotschaften verstärken und neben dem Absatz auch ihre Bekanntheit fordern kann" (Wenzel, 2016). Influencer können mit ihren Empfehlungen Kaufbedürfnisse wecken und haben damit einen Einfluss auf die Kaufentscheidungen ihrer Follower. Sie wirken in diesem Prozess als Katalysator (Nirschl & Steinberg, 2018, S. 28f.). Laut Schiller müssen Influencer dafür eine „Werbebotschaft an eine größere Zahl von Menschen weiterreichen und dabei auch entscheidungsbeeinflussend wirken" (Schüller, 2014). Die Werbewirkung des Contents unterscheidet sich stark, je nachdem wie subtil oder offensichtlich Produkte integriert werden (Hellenkemper, 2018, S. 206). Influencer haben einen guten Zugang zu ihren Followern und können durch Kooperationen mit Unternehmen als Bindeglied zwischen Marke und Zielgruppe fungieren (Reckenthäler, 2015, S. 69f.). Sie werden somit als Schnittstelle zwischen Unternehmen und Stakeholdern gesehen (Pleil, 2018, S. 65).

> „Im Rahmen einer bezahlten Kooperation sind Influencer als Fürsprecher für das Unternehmen tätig und kommunizieren im Interesse des Auftraggebers. Das Unternehmen bedient sich der Expertise und Meinungsbildungsfunktion von Influencern, um authentischen und glaubwürdigen brand related User Generated Content produzieren und verbreiten zu lassen" (Nguyen, 2018).

Bei eigenem Content der Influencer handelt es sich um User Generated Content. Beziehen sich die Inhalte auf ein Unternehmen, handelt es sich um „brand related User Generated Content" (Burmann et al. 2012, S. 191). Potentielle Kunden sind empfänglicher für diese Art der Kommunikation, da sie dem Influencer bereits vertrauen und er als Inspirationsquelle dient (Hilker, 2013; Seeding Alliance, 2016).

Viele Online-Nutzer sind klassischer Werbung gegenüber abgeneigt. Immer mehr Menschen nutzen sogenannte Adblocker, um Werbeanzeigen zu unterdrücken. Unternehmen versuchen dem nun mit Content entgegenzuwirken (Inreach, 2017). Bei der Influencer Kommunikation werden Influencer mit einer Sachleistung oder Geld für die Contentproduktion bezahlt, wobei immaterielle Anreize für Influencer dann interessant sind, wenn sie zum Reichweitenausbau oder der Relevanzsteigerung beitragen (Ceyp & Kurbjeweit, 2017, S. 189).

Influencer Kommunikation zählt zur so genannten Below-the-line-Kommunikation. Unternehmen versuchen ihre Kunden nicht über klassische Werbemaßnahmen zu erreichen, sondern über Influencer auf indirektem Wege (Esch, Krieger & Strödter, 2009). Im Gegensatz zu anderen Marketingformen wechselt hier der Absender: Denn der Content wird nicht vom Unternehmen, sondern von den Influencern gestreut und damit aus der Perspektive der Follower durch eine Privatperson. Dadurch entsteht eine besonders hohe Authentizität und Glaubwürdigkeit. Die Influencer Kommunikation wird durch die Reichweite und den Content zu einer neuen Werbeform (Inreach, 2017).

„Influencer Relations zielen auf einen langfristigen Beziehungsaufbau von Organisationen zu Influencern, die eine kontinuierliche Präsenz in digitalen Kanälen, Plattformen oder eigenen digitalen Angeboten anstreben" (Schach, 2018a, S. 36). Sie sollen helfen, Aufmerksamkeits-, Wissens-, Einstellungs- oder Verhaltensziele zu erreichen (ebd., S. 45). Mit ihrer hohen Reichweite können Influencer dazu beitragen, Botschaften von Unternehmen zu streuen und damit die Bekanntheit zu steigern. Da Influencer zudem meist nicht nur auf einem, sondern wie bereits erwähnt auf mehreren Kanälen kommunizieren, kann es zu einem viralen Effekt kommen (Nirschl & Steinberg, 2018, S. 38).

Dabei müssen werbliche Kooperationen gekennzeichnet werden. „Kennzeichnungspflicht besteht, damit sich Rezipienten der Werbeintention bewusst sind" (Bogus, 2018, S. 91). Wie genau Beiträge gekennzeichnet werden müssen, ist nicht einheitlich festgelegt. Die Medienanstalten (o.J., S. 5) raten von den Kennzeichnungen #ad, #sponsored by oder #powered by ab, da Follower dahinter nicht immer eine Kooperation erkennen. Stattdessen sei man mit der Kennzeichnung WERBUNG oder ANZEIGE auf der sicheren Seite. Die Kennzeichnung sollte zudem sofort ersichtlich sein. In einem Instagram-Post bereits vor dem restlichen Text, in einem YouTube-Video zu Beginn des Videos.

Zusammengefasst: Unternehmen wollen die Stärken der Influencer nutzen. Influencer sollen für Unternehmen Content erstellen, der glaubwürdig ist und bei der Zielgruppe ankommt. Sie können Unternehmen und Follower näher zusammenbringen und Inhalte glaubwürdig und authentisch kommunizieren. Im folgenden Abschnitt wird die Glaubwürdigkeit als Erfolgskriterium der Influencer Kommunikation erläutert.

2.3 Glaubwürdigkeit als Erfolgskriterium

Es wurde bereits mehrfach deutlich, dass die Glaubwürdigkeit eine wesentliche Stärke der Influencer darstellt und zu einem großen Teil den Erfolg der Influencer Kommunikation beeinflusst. Wie diese zugesprochene Glaubwürdigkeit zustande kommt, wird im Folgenden festgehalten.

Nach Hovland, Janis & Kelley (1953) besteht Glaubwürdigkeit aus zwei Komponenten: Der Kompetenz, Informationen wahrheitsgemäß zu übermitteln, und der Vertrauenswürdigkeit, dass die Informationen tatsächlich den Ansichten des Absenders entsprechen. Die Quelle muss kompetent und vertrauenswürdig sein, um als glaubwürdig bewertet zu werden. Kohring und Matthes (2003, S. 11) definieren Glaubwürdigkeit als Vertrauen in die Richtigkeit von Beschreibungen. Diese setzt sich zusammen aus dem Vertrauen in die Korrektheit sowie dem Vertrauen in die Vollständigkeit von Informationen. Follower müssen sich demnach sicher sein, dass Aussagen eines Influencers korrekt sowie vollständig sind. Influencer müssen glaubhaft vermitteln können, dass es sich auch bei Kooperationen um ihre eigene Meinung handelt. Andernfalls gefährden sie ihre Glaubwürdigkeit und Authentizität (Krömer, Borchers & Enke, 2018, S.127).

Meist wird die Quelle der Kommunikation nach ihrer Glaubwürdigkeit beurteilt. Aber auch die gesamte Kommunikation kann bewertet werden (Hovland et al., 1953). Der Empfänger entscheidet subjektiv über die Glaubwürdigkeit einer Botschaft. Er muss bereit sein, die Information als zutreffend zu akzeptieren (Küster-Rohde, 2010, S. 10-13). Glaubwürdigkeit ist keine Eigenschaft von Botschaften, sondern wird diesen von den Rezipienten zugeschrieben (vgl. Bentele, 1988).

Wir halten fest: Die Glaubwürdigkeit hängt vor allem davon ab, ob die Influencer glaubhaft ihre eigene Meinung vermitteln können und ob die Follower diese als Wahrheit akzeptieren. Glaubwürdigkeit stellt somit in der Influencer Kommunikation eine wichtige Zielgröße dar. Sie lässt Aussagen über den wirtschaftlichen Erfolg oder Misserfolg eines Mediums machen (Rössler, 2011, S.105). Aus diesem Grund dient die Glaubwürdigkeit auch in Teilen dieser Arbeit als Wert zur Erfolgsmessung von Kooperationen.

3 Influencer Kooperationen auf Instagram und YouTube

Nachdem die Influencer Kommunikation, ihr Einsatz und Nutzen für Marken und Unternehmen sowie die Glaubwürdigkeit als Erfolgskriterium erläutert wurden, werden nun Instagram und YouTube als Plattformen für Kooperationen vorgestellt und anschließend die verschiedenen Kooperationsmöglichkeiten zusammengefasst. Die Kooperationsformen sind sowohl auf Instagram als auch auf YouTube möglich, da sie sich in Bild- und Videobeiträgen gleichermaßen umsetzen lassen. Und auch die Verdienstmöglichkeiten auf beiden Plattformen ähneln sich (Nirschl & Steinberg, 2018, S. 24). Aus diesen Gründen beschränkt sich die Arbeit auf diese beiden Plattformen.

3.1 Instagram als Kooperationsplattform

Instagram ist ein soziales Netzwerk, in dem Fotos und Videos geteilt werden können. Die Beiträge lassen sich vorab direkt in der App bearbeiten. In der Instagram-Story können Nutzer zudem live streamen und Bilder und Videos posten, die nur 24 Stunden sichtbar bleiben. Seit 2012 gehört Instagram zu Facebook (Madsack, 2018). Insgesamt sind monatlich über 800 Millionen Nutzer aktiv (Instagram, 2018).

Instagram ist als Plattform für Influencer Kooperationen deshalb so attraktiv, weil es nicht als werbliches Medium wahrgenommen wird, sondern mehr als Inspirationsquelle und Ort für Kreativität. Vor allem junge Nutzer können durch kreative Inhalte und Storytelling angesprochen werden. Unternehmen haben die Chance sich emotional zu inszenieren und weniger werblich zu wirken. So können sich Nutzer stärker mit einem Beitrag und einer Marke identifizieren (Faßmann & Moss, 2016, S. 28). Diese Wirkung wird durch den Einsatz von Influencern verstärkt, da Beiträge nicht direkt mit einem Unternehmen in Verbindung gebracht werden. Gerade weil klassische Werbung, auch durch den Einsatz von AdBlockern, immer weniger Menschen erreicht, ist Instagram eine „Alternative der nachhaltigen Kommunikation" (Ceyp & Kurbjeweit, 2017). Inzwischen nutzen viele Influencer ihren Instagram-Account, um ihn als Werbefläche zu vermarkten (Nirschl & Steinberg, 2017, S. 21).

3.2 YouTube als Kooperationsplattform

YouTube ist eine Video-Plattform, die es Nutzern ermöglicht, Videos auf ihrem eigenen Kanal hochzuladen. Mehr als eine Milliarde Menschen nutzen die Plattform, das entspricht fast einem Drittel aller Internetnutzer. Täglich verzeichnet YouTube eine Wiedergabedauer von ca. einer Milliarde Stunden (YouTube, 2018).

Auch auf YouTube versuchen Unternehmen durch Influencer ihre Zielgruppen kosteneffizient, nachhaltig und vor allem glaubwürdiger anzusprechen, als mit klassischen Werbemaßnahmen (Ceyp & Kurbjeweit, 2017, S. 193f.). Viele YouTuber haben feste Tage, an denen sie ihre Videos posten. Dies sorgt für Kontinuität und Verlässlichkeit (ebd.). Follower erwarten auf YouTube keine klassische Werbung, sondern die vertrauten Inhalte ihres YouTube-Influencers. „Mit entsprechend kreativen Wegen muss dieser sie in einer anspruchsvollen Regelmäßigkeit vom Mehrwert der beworbenen Produkte überzeugen und dabei sicherstellen, weder seine Glaubwürdigkeit noch das Vertrauen seiner Zuschauer und damit ihre Aufmerksamkeit zu verlieren" (ebd., 2017, S. 196).

3.3 Die verschiedenen Kooperationsmöglichkeiten

In Anlehnung an Fleschhut (2017), Hypr (2018) und Ceyp & Kurbjeweit (2017) werden nun die verschiedenen Arten von Kooperationen vorgestellt. Im späteren Verlauf dieser Arbeit soll überprüft werden, welche Kooperationsformen bei den Followern Anklang finden. Es werden nur Kooperationen betrachtet, die sich auf dem Kanal der Influencer abspielen, da Content auf Unternehmenskanälen generell anders wahrgenommen wird. An dieser Stelle könnte eine separate Untersuchung anschließen. Die folgenden Kooperationsformen stellen die häufigsten Kooperationen auf den beiden Plattformen dar, wobei es sich oft auch um Mischformen handelt.

Produktplatzierung

Der Influencer erhält ein Produkt, das er in ein Foto oder Video integriert. Dabei wird das Produkt nicht zwangsweise vorgestellt oder bewertet, sondern oft nur in einem Bild oder Video inszeniert. Beispiel: Majolieeee (2018) integriert eine Sonnenbrille von Kapten and Son in einen Outfit-Post.

Abbildung 1. Quelle: Majolieeee, 2018

Produkttest

Der Influencer testet ein Produkt und demonstriert seine Anwendung. Er geht auf die Vor- und Nachteile des Produktes ein und zeigt oder beschreibt die Benutzung. Die eigene Meinung des Influencers zu einem Produkt ist hier gefragt. Beispiel: Marques Brownlee (2018) testet in seinen Videos regelmäßig technische Geräte, wie etwa Kameras oder Handys. Bei einer Review eines Samsung Handys erklärt er die Vor- und Nachteile des Geräts während er es benutzt und äußert seine Meinung zum Produkt.

Abbildung 2. Quelle: Marques Brownlee, 2018

Eventbericht

Der Influencer wird zu einem Event oder einer Reise eingeladen und berichtet im Gegenzug von dem Event und dem Unternehmen oder vorgestellten Produkten. Es kann sich bei diesen Influencer-Events etwa um Produktpräsentationen oder Pressereisen handeln. Beispiel: Der Reisekonzern TUI lädt regelmäßig Influencer zu sogenannten TUIgrammers-Trips ein. Die Influencer besichtigen meist ein TUI-Hotel und nehmen an verschiedenen TUI-Exkursionen teil. Im Gegenzug berichten die Influencer unter dem Hashtag #TUIgrammers über den Trip und teilen die Reise mit ihren Followern (vgl. michielpieters, 2018).

Abbildung 3. Quelle: michielpieters, 2018)

Produktentwicklung

Der Influencer entwickelt zusammen mit einer Marke ein Produkt. Er bringt sich in die Produktentwicklung ein, indem er zum Beispiel bei dem Design mitwirkt. Beispiel: Nilam Farooq (2017) hat zusammen mit Fa ein Duschgel herausgebracht. Sie hat sowohl bei dem Geruch des Duschgels als auch bei dem Verpackungsdesign mitgewirkt.

Abbildung 4. Quelle: Nilam Farooq, 2017

Sponsorship

Der Influencer kooperiert über einen längeren Zeitraum mit einem Unternehmen. Er kann dabei zum Gesicht einer Marke oder eines Produkts werden und fungiert als Markenbotschafter. Diese Kooperation kann sich, je nach Produkt oder Marke, sehr unterschiedlich gestalten. Der Influencer bindet ein Produkt oder mehrere Produkte einer Marke vielfach, oft auch auf verschiedenen Kanälen, in seine Beiträge ein und kommuniziert meist die Werte des Unternehmens sowie die Vorteile der Produkte. Beispiel: Fitness-YouTuberin Anne Kissner ist Markenbotschafterin für die Sportbekleidungsmarke Puma. Bereits auf ihrem Kanal-Banner wird dies durch den Hinweis „sponsored by Puma" ersichtlich. In all ihren Fitness-Videos trägt sie ausschließlich Puma-Klamotten (Bodykiss, 2018).

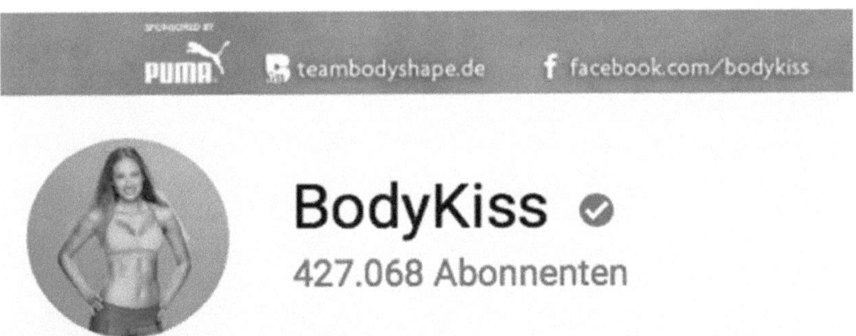

Abbildung 5. Quelle: Bodykiss, 2018

Affiliate

Der Influencer nutzt einen vom Unternehmen bereitgestellten Affiliate-Link, wenn er ein Produkt unter dem Bild oder Video verlinkt. Klickt ein User auf solch einen Link und kauft im Anschluss daran ein entsprechendes Produkt, erhält der Influencer eine Provision. Beispiel: Die britische Fashion-YouTuberin Emma Hill (2018) zeigt in ihren Videos Kleidungsstücke, die sie in der Videobeschreibung verlinkt. Sie weist darauf hin, dass Produkte, die in der Videobeschreibung verlinkt sind, Affiliate-Links sind.

Rabattcode

Der Influencer erhält einen personalisierten Rabattcode für seine Follower, den er in einem Post oder Video teilen kann. Somit soll der Absatz bestimmter Produkte oder Shops angeregt werden. Diese Kooperationsform tritt meist in Verbindung mit einer Produktplatzierung auf. Beispiel: Senadica (2018) stellt ihren Followern unter einem Instagram-Post einen personalisierten Rabattcode für den Mode-

Onlineshop Ivy Revel zur Verfügung. Auf dem Bild trägt sie einen Pullover der Marke. Es handelt sich hierbei um eine Mischform von Produktplatzierung und Rabattcode.

Gewinnspiel

Der Influencer bekommt Produkte zur Verfügung gestellt, die er unter seinen Followern verlost. Dafür werden die Produkte gezeigt und die Teilnahmebedingungen erläutert. Die Follower müssen meist einen Kommentar hinterlassen und der Marke folgen, um an der Verlosung teilzunehmen. Beispiel: Die YouTouberin Nela Lee (2018) testet in einem Video einen HP Drucker und verlost anschließend 3 Geräte sowie eine Teilnahme an einem HP Event. Es handelt sich hierbei um eine Mischform von Produkttest und Gewinnspiel.

4 Einflussfaktoren auf den Erfolg von Influencer Kooperationen

Die wichtigsten Begrifflichkeiten der Influencer Kommunikation wurden definiert und ein Überblick über die Kooperationsmöglichkeiten auf Instagram und YouTube geschaffen. Nun wird ein Blick auf den wissenschaftlichen Stand der Influencer Kommunikation und Kooperationen zwischen Influencern und Unternehmen geworfen.

Gleichzeitig werden in diesem Kapitel Faktoren differenziert, die in der bisherigen wissenschaftlichen Auseinandersetzung für eine erfolgreiche Kooperation sprechen. Anhand der einzelnen Faktoren werden Hypothesen und Fragestellungen entwickelt, die anschließend mittels einer Online-Befragung empirisch untersucht werden.

4.1 Die Kooperationsform

Unternehmen haben wie bereits gezeigt viele unterschiedliche Möglichkeiten mit Influencern zu kooperieren (vgl. Kapitel 3.3). Da diese Arbeit der Forschungsfrage nachgeht, wie Follower verschiedene Einflussfaktoren auf den Erfolg von Influencer Kooperationen bewerten, ist hier bereits interessant, welche Kooperationsformen bei den Followern ankommen. Die zuvor vorgestellten Kooperationsmöglichkeiten sollen deshalb auf ihre Glaubwürdigkeit hin überprüft werden. Es stellt sich die Frage:

> **Fragestellung 1:** Welche Kooperationsformen empfinden die Follower als glaubwürdig?

4.2 Der Kooperationszeitraum

Es wird häufig erwähnt, dass Influencer Kommunikation auf eine langfristige Beziehung mit Influencern abzielt (vgl. Schach, 2018a, S. 45; Wabnitz, 2017). Laut Wabnitz (2017) wird sich Influencer Marketing zukünftig immer mehr zu langfristigen Influencer Relations entwickeln. Unternehmen würden erkennen, dass langfristige Kooperationen nachhaltiger und authentischer sind und Influencer vermehrt als Markenbotschafter einsetzen. Kooperationen, die auf einen Kooperationsbeitrag beschränkt sind, können zudem der Authentizität einer Marke und dem Influencer schaden (Becker, 2017). Es wird bezogen auf die Dauer der Zusammenarbeit deshalb folgende Hypothese aufgestellt:

> **Hypothese 1:** Follower bevorzugen Influencer Kooperationen über einen längeren Zeitraum gegenüber einmaligen Kooperationen.

4.3 Die Anzahl der Kooperationen

Viele Marken gehen davon aus: je mehr Inhalte und Erwähnungen erzielt werden, desto größer ist die Auswirkung. Bei dieser Annahme besteht allerdings die Gefahr, dass eine zu hohe Frequenz an werblichen Beiträgen die Glaubwürdigkeit und Authentizität des Influencers schwächt (Inreach, 2017). Durch die große Nachfrage vieler Unternehmen steigt die Anzahl bezahlter Kooperationen. Viele Influencer wollen so schnelles Geld verdienen, sie kreieren weniger eigenen Content und setzen damit ihre Glaubwürdigkeit aufs Spiel (Rabach, 2018, S. 165). Sobald Kooperationsbeiträge den Original Content übersteigen, hat dies Auswirkungen auf die Authentizität des Influencers (Hellenkemper, 2018, S. 205). Rabach (2018, S. 165) bestätigt, dass Kooperationen glaubwürdig sind, wenn bezahlte Beiträge nicht überwiegen und das Verhältnis zwischen bezahlten und eigenen Beiträgen eines Influencers ausgewogen ist. Auch hier ist es interessant die Sicht der Follower zu untersuchen. Ob ein ausgewogenes Verhältnis zwischen bezahltem und eigenem Content wichtig ist und vor allem wie viele werbliche Beiträge für die Follower in Ordnung sind, gilt es hier zu untersuchen. Folgende Hypothese gilt es zu prüfen:

> **Hypothese 2:** Follower bevorzugen es, wenn Kooperationsbeiträge den eigenen Content des Influencers nicht überwiegen.

4.4 Die Anzahl der Kooperationspartner

Neben zu vielen Kooperationsbeiträgen, können auch zu viele verschiedene Kooperationspartner eine negative Auswirkung auf die Glaubwürdigkeit des Influencers haben – „besonders dann, wenn innerhalb kürzester Zeit Kooperationen mit unterschiedlichen Marken aus dem gleichen Segment stattfinden" (Hellenkemper, 2018, S. 205). Kooperationen mit nahezu identischen Marken schaden der Glaubwürdigkeit. Eine tiefere Zusammenarbeit mit ausgewählten Unternehmen sei zielführender (Wabnitz, 2017; Rabach, 2018, S. 173). Die Perspektive der Follower zu der Anzahl der Kooperationspartner wird durch folgende Hypothese überprüft:

> **Hypothese 3:** Follower bevorzugen es, wenn Influencer mit wenigen Unternehmen zusammenarbeiten.

4.5 Die thematische Passung

Ein weiterer Faktor, der sich herauskristallisiert hat und sich auf den Erfolg von Kooperationen auswirkt ist die thematische Passung zu Produkt, Marke oder Unternehmen. Kooperationen sind nur dann glaubwürdig, wenn Follower dem Influencer eine inhaltliche Passung zuschreiben (Schach, 2018a, S. 39). Inhalte müssen in ein aktuelles und bestehendes Themenumfeld eingebettet werden, um authentisch und glaubwürdig zu sein (ebd., S. 40). Nur wenn ein Influencer eine Kampagne authentisch vermitteln kann, sind Beiträge und Botschaften glaubwürdig und werden von den Followern akzeptiert. Influencer sollten bereits in Kontakt mit der entsprechenden Zielgruppe stehen und dem Produkt zugeneigt sein, um die Kaufentscheidung der Follower zu beeinflussen (Schüller, 2014). Dabei ist die Überzeugung von den zu vermittelnden Inhalten ausschlaggebend für die Glaubwürdigkeit eines Beitrags (Pier & Faber, 2018, S. 56). Aus diesem Grund ist der Matching-Prozess sehr wichtig (Bartholomäus, 2016). „Marken benötigen für ihre Influencer-Kampagnen den optimalen Fit zwischen der Glaubwürdigkeit des Influencers in Bezug zur Marke und seinem Einfluss auf die zu erreichende Zielgruppe" (Wenzel, 2017). Das Image von Influencer und Unternehmen sollte sich dabei möglichst viel überschneiden. „Ein Fitness- und Ernährungs-Influencer ist kaum in der Lage, glaubhaft zu vermitteln, dass er leidenschaftlich gerne Fast Food isst" (Hellenkemper, 2018, S. 205). Wichtig ist es, die richtigen Influencer für Kooperationen zu identifizieren. Nämlich diejenigen, die passende Inhalte zu den Themen des Unternehmens kommunizieren und eine Beziehung zu einer Community aufgebaut haben, die eine Zielgruppe für das Unternehmen darstellt. Andernfalls könne es auch zu negativen Auswirkungen kommen (Nirschl & Steinberg, 2018, S. 39). Daraus lässt sich die nächste Hypothese ableiten:

> **Hypothese 4:** Followern ist es wichtig, dass Kooperationen thematisch zum Influencer passen.

4.6 Der gestalterische Freiraum

Wenn Botschaften zu werblich ausfallen, wirken sie unecht. Aus diesem Grund sollten Unternehmen den Influencern genügend Freiraum bei der Umsetzung und Gestaltung der Kooperation lassen. Influencer sollten die Botschaft so kommunizieren, wie sie es auch sonst tun würden (Inreach, 2017). Bei der Influencer Kommunikation treffen das Kontrollbedürfnis von Unternehmen und die Kreativität sowie Freiheit der Influencer aufeinander (Borchers & Enke, 2018, S. 198). Hier gilt es eine Balance zu finden und Kooperationen zwischen Unternehmen und Influencern auszuhandeln. Die letzte inhaltliche Entscheidung liegt bei dem Influencer (Schach, 2018a, S.37f.). „Die Autonomie des Influencers als wichtige Grundlage für Glaubwürdigkeit sollte in der Umsetzung als Maxime betrachtet werden" (ebd., S. 45). Die Erstellung von kreativem Content, Videos und Storytelling wird für Unternehmen zukünftig immer wichtiger werden. Deshalb sollten Influencer frühzeitig in Kampagnen involviert werden. Sie können mit ihrem Blickwinkel Konzepte bereichern und wissen zudem, was ihren Followern gefällt (Wabnitz, 2017). Eine Kooperation ist glaubwürdiger, wenn der Influencer mehr gestalterischen Freiraum in der Umsetzung dieser hat (Rabach, 2018, S. 165). Auch laut Schach (2018a, S. 39) sind Kooperationen glaubwürdiger, wenn die Follower dem Influencer eine Entscheidungshoheit zuschreiben. Wie wichtig der gestalterische Freiraum für die Follower ist, soll untersucht werden. Dabei leistet folgende Hypothese Hilfestellung:

> **Hypothese 5:** Follower bevorzugen es, wenn Influencer einen großen gestalterischen Freiraum haben.

4.7 Die werbliche Kennzeichnung

In der wissenschaftlichen Auseinandersetzung wird betont, Influencer Kommunikation sei vor allem dann wirksam, wenn der werbliche Charakter nicht offensichtlich ist (Nirschl & Steinberg, 2018, S. 39). Influencer Kommunikation ist häufig nicht als persuasive Kommunikation erkennbar. „Das Produkt wird mit den regulären Inhalten geschickt verwoben" (Mühle et al. 2016, S. 79). Der Influencer fungiert als unabhängiger Ratgeber und die persuasive Absicht tritt dadurch in den Hintergrund. Das Ziel ist eine glaubwürdige Fremddarstellung. So wird eine bessere Werbewirkung erhofft (Krüger, 2016). Scheunert, Schlütz, Link & Emde-Lachmund (2018, S. 84) finden in einer Untersuchung heraus, dass die Unaufdringlichkeit sowie Verbergung der persuasiven Absicht eines werblichen Beitrags positive Wirkungen haben und die Follower stärker beeinflussen.

Eine Begründung dafür, dass viele Unternehmen die werbliche Absicht verbergen wollen, liefert die Theorie der Reaktanz. Brehm geht in seiner Theorie davon aus, dass Menschen ein grundsätzliches Bedürfnis nach Unabhängigkeit haben (Miron und Brehm 2006). Wird diese eingeschränkt, kommt es zu einer negativen Reaktion, der Reaktanz. Dies geschieht zum Beispiel, wenn eine Persuasionsabsicht erkannt wird, beispielsweise durch einen werblich gekennzeichneten Beitrag. Follower können der erkannten Persuasionsabsicht mit Reaktanz oder Toleranz begegnen (Colliander & Erlandsson, 2015).

Immer mehr Nutzer der sozialen Medien sind sich über Kooperationen zwischen Unternehmen und Influencer bewusst. So stellt eine YouGov Studie (2017) fest, dass sich 76 Prozent der Social-Media-Nutzer bewusst sind, dass sie sich bezahlte Beiträge anschauen. Ob die Verschleierung der persuasiven Absicht deshalb noch zielführend ist, ist an dieser Stelle fraglich. Schweins (2016) vertritt die Meinung: „Für die Sicht des Lesers gilt: Es ist nicht schlimm, wenn man erkennt, dass ein Blogger für die Produktinszenierung bezahlt wurde. Und sehr wahrscheinlich wird er den Blogger sogar für die tolle Kooperation bewundern." Bogus (2018, S. 99) untersuchte die allgemeine Einstellung der Befragten zu Produktplatzierungen. Dabei gaben 67,2 % der Befragten an, es sei unwichtig, ob der Influencer Geld für die Kooperation erhält, solange ihnen der Beitrag gefällt. Eine Studie von G+J (2017) zu Wirkungseffekten von Influencer-Kampagnen schließt erstmals sowohl Influencer als auch ihre Follower in die Untersuchung ein. Es geht hervor, dass sich 87 Prozent der Follower eine Kennzeichnung der Beiträge als Werbung wünschen. Viele Studien zeigen inzwischen, dass ein Großteil der Follower wissen möchte, wenn es sich um einen werblichen Beitrag handelt. Ein transparenter Umgang mit Kooperationen könnte sich deshalb positiv auf die Glaubwürdigkeit dieser auswirken. Angenommen wird für die Perspektive der Follower deshalb:

> **Hypothese 6:** Follower bevorzugen es, wenn der werbliche Charakter von Kooperationen transparent kommuniziert wird.

Ab wann ein Beitrag gekennzeichnet werden muss, wird in dieser Arbeit nicht behandelt, da dieses Thema an dieser Stelle den Rahmen übersteigen würde. Hinweise finden sich in einem Beitrag von Meinen & Gerecke (2018).

4.8 Die Beziehung von Influencer und Follower

Menschen können in verschiedenen Beziehungen zu medialen Personen stehen. Sie können Empathie zeigen und mit ihnen mitfühlen, sich mit ihnen vergleichen oder gar nach langfristiger Beschäftigung mit der medialen Person eine parasoziale Beziehung aufbauen (Döring, 2013, S. 295). Unternehmen wollen diese Arten von Beziehungen zwischen den Influencern und ihren Followern für sich nutzen, um Einstellungs- und Kaufempfehlungen zu geben (Schach, 2018b, S. 14). Wirth, Matthes, Schemer & Stämpfli (2009) fanden mittels einer Untersuchung heraus, dass sich Zuschauer von TV-Informationssendungen bewusst sind, dass sie von Produktplatzierungen persuasiv beeinflusst werden. Sobald das Involvement in den Beitrag allerdings groß genug ist, empfinden die Zuschauer diese Beeinflussung nicht als störend (Wirth et al. 2009, S. 64). Für die Beantwortung der Forschungsfrage ist interessant, ob dies auch auf Influencer Kooperationen übertragbar ist. Die Empathie mit virtuell auftretenden Personen wie beispielsweise Influencern ist stark von deren Glaubwürdigkeit abhängig (Döring, 2013, S. 298). Aber gilt dies auch umgekehrt? Führt Empathie oder gar eine stärkere Beziehung zu einem Influencer dazu, dass seine Inhalte stärker akzeptiert werden? Sprich: Werden Kooperationen als glaubwürdiger wahrgenommen, wenn eine enge Beziehung zum Influencer besteht? Folgende Hypothese soll überprüft werden:

Hypothese 7: Für die Follower sind Kooperationen glaubwürdiger, wenn eine hohe Verbundenheit zum Influencer besteht.

5 Eine empirische Untersuchung: Was denken die Follower?

Welche Faktoren möglicherweise Einfluss auf eine erfolgreiche und damit glaubwürdige Kooperation haben, wurde herausgestellt. Zusammenfassend lässt sich sagen, dass in der wissenschaftlichen Auseinandersetzung folgende Faktoren Einfluss auf eine positive Wahrnehmung von Kooperationen durch die Follower nehmen:

- die Kooperationsform
- der Kooperationszeitraum
- die Anzahl der Kooperationen
- die Anzahl der Kooperationspartner
- die thematische Passung
- der gestalterische Freiraum
- die werbliche Kennzeichnung
- die Beziehung von Influencer und Follower

In diesem empirischen Teil der Arbeit, soll die zu Beginn vorgestellte Forschungsfrage nun überprüft werden. Zur Erinnerung:

> Wie bewerten Follower Einflussfaktoren auf den Erfolg von Kooperationen zwischen Influencern und Unternehmen?

5.1 Darstellung der Methode und Ablauf

Dieser Abschnitt beschreibt die Konzeption und die Vorgehensweise der empirischen Untersuchung und zeigt auf, wie die Meinungen zu den einzelnen Einflussfaktoren abgefragt werden.

Die vorangegangenen Hypothesen und Fragestellungen werden mittels einer standardisierten Online-Befragung untersucht (siehe Fragebogen im Anhang A). Der Befragungszeitraum betrug 10 Tage. Mittels einer standardisierten Befragung kann eine möglichst große Zahl an quantitativen Daten erhoben werden. Zudem kann ein breites Meinungsbild der Befragten zu Influencer Kooperationen abgefragt werden (Raithel, 2006, S 64f.). Diese lassen sich durch eine standardisierte Befragung gut einschätzen, denn die Antworten basieren immer auf Erlebtem und Erinnerungen und stellen Meinungen und Bewertungen dar (ebd.). Es handelt sich zudem um eine Methode mit geringem Zeit-, Personal- und Kostenaufwand. Antworten können ohne Zeitdruck durchdacht werden und es gibt keinen Interviewer, der die Antworten beeinflussen kann (ebd.). Zudem wird durch die Anonymität einer Online-Befragung das Risiko von sozial erwünschten Antworten minimiert.

Ein kurzer Einleitungstext erläutert das Thema der Befragung und die Befragungsdauer (siehe Anhang A). Um zu gewährleisten, dass die befragten Personen im Stande sind, die Fragen zu beantworten und die Glaubwürdigkeit von Kooperationen auf Instagram und YouTube zu bewerten, werden zu Beginn Filterfragen gestellt (vgl. Raithel, 2006, S. 71). Die Befragten müssen mit dem Begriff „Influencer" vertraut sein und sowohl Instagram als auch YouTube als soziales Medium nutzen. Zudem müssen sie Kooperationen zwischen Influencern und Unternehmen bereits wahrgenommen haben, um diese bewerten zu können. Die Frage „Wer ist ihr Lieblings-Influencer?" dient als Eisbrecherfrage, um in das Thema einzuleiten (vgl. ebd., S. 72). Bei der Anordnung der Fragen wurde darauf geachtet, dass allgemeine Fragen zu Beginn und spezielle Fragen zum Schluss gestellt werden. Sensible Fragen zu Alter, Geschlecht und Bildungsabschluss wurden zum Schluss gestellt, da sie nicht Hauptbestandteil der Befragung sind und um Anwortverweigerungen zu vermeiden. Überleitungssätze helfen beim Themenwechsel und leiten durch die Befragung (vgl. ebd., S. 75f.). Weiteres zum standardisierten Fragebogen als wissenschaftliche Methode der Datenerhebung ist bei Raithel (2006) zu finden. Für das Erstellen der Umfrage wurde das Online-Tool www.umfrageonline.com verwendet.

5.2 Operationalisierung der Hypothesen und Fragestellungen

In Kapitel 4 wurden bereits Faktoren differenziert, die sich auf den Erfolg von Influencer Kooperationen auswirken. Anhand jeder dieser Faktoren wurde zudem jeweils eine Hypothese abgeleitet. Wie diese messbar gemacht und in Fragen für den Fragebogen überführt wurden, wird in diesem Kapitel erläutert.

Die Kooperationsform

> **Fragestellung 1:** Welche Kooperationsformen empfinden die Follower als glaubwürdig?

Um zu prüfen, wie die Follower die verschiedenen Kooperationsformen bewerten und wie beliebt die Formen sind, wurde zunächst gefragt, welche Kooperationsformen bevorzugt werden. Zur Auswahl standen Produktplatzierung, Produkttest, Eventbericht, Produktentwicklung und Sponsorship. Die Befragten hatten zudem die Möglichkeit eine offene Antwort zu geben. So soll sichergestellt werden, dass sie keine Kooperationsform vermissen. Zudem ist eine Mehrfach-Auswahl möglich. Die einzelnen Kooperationsformen werden jeweils kurz erläutert, um den Unterschied zu verdeutlichen (siehe Fragebogen im Anhang A). Die Kooperationsformen Affiliate, Rabattcode und Gewinnspiel wurden dabei ausgeklammert, da es sich hierbei nur um ergänzende Formen handelt und sie nicht alleine auftreten, sondern beispielsweise in Zusammenhang mit Produktplatzierungen (vgl. Kapitel 3.3). Die Antworten dieser Frage beruhen auf den Erfahrungswerten der Follower. Sie können auf diese Weise wiedergeben, mit welchen Kooperationsformen bislang positive Erfahrungen gemacht wurden.

Im zweiten Schritt wurde überprüft, wie glaubwürdig Influencer Informationen mit den einzelnen Kooperationsformen vermitteln können. Dazu wurde auf die Vertrauensskala von Kohring und Matthes (2003) zurückgegriffen. Die Glaubwürdigkeit ist ein mehrdimensionales Konstrukt, das schwer messbar ist. Kohring und Matthes (2003, S. 17-18) definieren Glaubwürdigkeit als Vertrauen in die Richtigkeit von Beschreibungen. Dieses Konstrukt setzt sich aus den Subdimensionen Vertrauen in die Korrektheit sowie Vertrauen in die Vollständigkeit von Informationen zusammen. Um die Glaubwürdigkeit zu messen, erfassen Kohring und Matthes die Subdimensionen anhand von jeweils vier Items auf einer fünfstufigen Skala (1 = trifft überhaupt nicht zu bis 5 = trifft voll und ganz zu).

Das Vertrauen in die Korrektheit wird mit folgenden Items gemessen:

- „Der Bericht gibt die Dinge so wieder, wie sie sind."
- „Ich habe korrekte Informationen erhalten, die ich an andere weitergeben kann."
- „Es wird die ganze Wahrheit berichtet."
- „Ich kann mich auf die Informationen im Bericht verlassen."

Das Vertrauen in die Vollständigkeit wird mit diesen Items gemessen:

- „Der Bericht gibt mir genau die Informationen, die ich brauche."
- „Ich habe alle Hintergrundinformationen erhalten, die ich benötige."
- „Es stehen unwichtige Dinge im Vordergrund."
- „Durch den Bericht kann ich mir ein vollständiges Bild von dem Thema machen."

Diese Vertrauens-Skala hat den Vorteil, dass sie bereits Validierungs- und Reliabilitätsprüfungen unterzogen und optimiert wurde. Einzelne Items werden im Laufe der Operationalisierung deshalb übernommen und angepasst. Um das Vertrauen in die Korrektheit der Kooperationsformen zu messen, wurde das Item „Der Bericht gibt die Dinge so wieder, wie sie sind" angepasst. In dem Pretest hat sich gezeigt, dass die Probanden das Item „Der Influencer gibt die Dinge so wieder wie sie sind" nicht greifen konnten. Es wurde deshalb umformuliert in: „Mit dieser Kooperationsform kann der Influencer Informationen korrekt wiedergeben". Das Item wurde auf einer fünfstufigen Likert-Skala (1= trifft voll und ganz zu bis 5 = trifft überhaupt nicht zu) bewertet. Ähnlich wurde auch das Vertrauen in die Vollständigkeit abgefragt. Hier wurde das Item „Der Bericht gibt mir genau die Informationen, die ich brauche" umformuliert in „Mit dieser Kooperationsform kann der Influencer mir alle Informationen geben, die ich brauche". Die Abfrage dieser beiden Items ermöglicht es, die Glaubwürdigkeit in ihren beiden Dimensionen zu prüfen. Angesichts des Umfangs dieser Arbeit wird jeweils auf eine statt auf alle vier Items zurückgegriffen. In der Auswertung werden die beiden Items zur Glaubwürdigkeit von Kooperationsformen verdichtet.

Der Kooperationszeitraum

> **Hypothese 1:** Follower bevorzugen Influencer Kooperationen über einen längeren Zeitraum gegenüber einmaligen Kooperationen.

Da in der wissenschaftlichen Auseinandersetzung eine langfristige Kooperation mehr Authentizität suggeriert und einmaligen Kooperationen sogar nachgesagt wird, sie würden der Glaubwürdigkeit schaden, soll diese Behauptung überprüft werden (vgl. Kapitel 4.2). Dazu wurde abgefragt, ob die Follower es bevorzugen, wenn Influencer über einen längeren Zeitraum mit einem Unternehmen zusammenarbeiten oder wenn sich die Kooperation auf einen Beitrag beschränkt. Auch an dieser Stelle können die bisherigen Erfahrungswerte der Follower in die Antworten mit einfließen. Die Antwortvorgaben wurden um eine Residualkategorie ergänzt, um sicherzustellen, ob der Kooperationszeitraum für die Follower überhaupt relevant ist. So war es zudem möglich „Es ist mir egal, über welchen Zeitraum ein Influencer mit einem Unternehmen kooperiert" anzukreuzen.

Die Anzahl der Kooperationen

> **Hypothese 2:** Follower bevorzugen es, wenn Kooperationsbeiträge den eigenen Content des Influencers nicht überwiegen.

Zu der Anzahl der Kooperationen sollen zwei Dinge herausgefunden werden: Zum einen wird abgefragt, wie hoch der Anteil der Kooperationsbeiträge im Verhältnis zu den eigenen Beiträgen der Influencer höchstens sein darf. Welches Verhältnis zwischen eigenen und werblichen Beiträgen für die Follower tolerierbar ist und somit nicht der Glaubwürdigkeit schadet, wird somit deutlich. Die Antwortmöglichkeiten lauteten: bis zu 10 %, bis zu 25 %, bis zu 50 %, bis zu 75 % und 75-100 %. Auch hier stand die Residualkategorie „Der Influencer kann so viele Kooperationen umsetzen, wie er möchte" zur Auswahl.

Zum anderen wurde abgefragt, wie viele Kooperationen für die Follower pro Woche in Ordnung sind. Gefragt wird „Wie viele Kooperationen sollten Influencer in einer Woche höchstens umsetzen?" Die Befragten konnten zwischen fünf Abstufungen und einer Residualkategorie wählen. Zur Auswahl standen: weniger als eine Kooperation, eine Kooperation, 2-4 Kooperationen, 5 oder mehr Kooperationen und es spielt keine Rolle. So kann erneut sichergestellt werden, ob der Faktor Kooperationsfaktor überhaupt relevant ist.

Die Anzahl der Kooperationspartner

> **Hypothese 3:** Follower bevorzugen es, wenn Influencer mit wenigen Unternehmen zusammenarbeiten.

Ein weiterer Faktor, der sich auf den Erfolg von Influencer Kooperationen auswirken kann, ist die Anzahl der Unternehmen, mit denen Influencer kooperieren. Untersucht werde soll an dieser Stelle, ob viele oder wenige Kooperationspartner bei den Followern für eine erfolgreiche Kooperation sprechen. Eine Residualkategorie prüft auch hier, ob die Anzahl der Kooperationspartner für die Befragten überhaupt von Bedeutung ist. Die abgefragten Items lauten:

„Influencer sollten mit möglichst vielen Unternehmen zusammenarbeiten."

„Influencer sollten mit möglichst wenigen Unternehmen zusammenarbeiten."

„Es ist egal mit wie vielen Unternehmen ein Influencer zusammenarbeitet."

Die thematische Passung

> **Hypothese 4:** Followern ist es wichtig, dass Kooperationen thematisch zum Influencer passen.

In Bezug auf die thematische Passung sprachen in der wissenschaftlichen Auseinandersetzung folgende Punkte für eine erfolgreiche Kooperation (vgl. Kapitel 4.5). Sie stellen deshalb in der Befragung gleichzeitig die abgefragten Items dar:

„Produkte und Marken passen zum Influencer."

„Es werden Themen behandelt, mit denen sich der Influencer auskennt."

„Die Kooperation passt zu den bisherigen Beiträgen des Influencers."

„Der Influencer ist von dem Unternehmen oder dem Produkt überzeugt."

Diese Aspekte werden auf einer fünfstufigen Skala (1 = gar nicht wichtig bis 5 = sehr wichtig) bewertet. So kann Aufschluss darüber gegeben werden, ob den Followern diese Aspekte ebenso wichtig sind, wie in der Literatur angenommen.

Der gestalterische Freiraum

> **Hypothese 5:** Follower bevorzugen es, wenn Influencer einen großen gestalterischen Freiraum haben.

Mit dem gestalterischen Freiraum des Influencers kommt ein weiterer Aspekt hinzu, der sich auf den Erfolg auswirken kann. Anknüpfend an die thematische Passung, soll der gestalterische Freiraum auf gleichem Wege abgefragt werden. Die Befragten können das Item „Der Influencer darf die Kooperation frei gestalten" auf einer fünfstufigen Skala (1 = gar nicht wichtig bis 5 = sehr wichtig) bewerten. Dieses Item wird zusammen mit den Items zur thematischen Passung abgefragt. Durch die Vermischung der Items von unterschiedlichen Erfolgsfaktoren, können zusätzlich Ausstrahlungseffekte minimiert werden.

Die werbliche Kennzeichnung

> **Hypothese 6:** Follower bevorzugen es, wenn der werbliche Charakter von Kooperationen transparent kommuniziert wird.

Da inzwischen viele Follower Kooperationen bewusst wahrnehmen, wird vermutet, dass ein transparenter Umgang mit Kooperationen besser angenommen wird (vgl. Kapitel 4.7). Die Befragten konnten die folgenden drei Items auf einer fünfstufigen Skala (1 = trifft überhaupt nicht zu bis 5 = trifft voll und ganz zu) bewerten:

„Ich möchte sofort erkennen, wenn es sich um einen werblichen Beitrag handelt."

„Mir ist nicht wichtig, ob der Influencer für einen Beitrag bezahlt wurde."

„Ich bin werblich gekennzeichneten Beiträgen gegenüber abgeneigt."

Die ersten beiden Items sollen untersuchen, ob ein transparenter Umgang mit Kooperationen gewünscht ist und ob die Kennzeichnung oder die Bezahlung eine Rolle spielen. Das zweite Item wird negativ formuliert, um die Teilnehmer nicht in eine Richtung zu lenken. In der Auswertung wird dieses Item umgepolt. Das dritte

Item „Ich bin werblich gekennzeichneten Beiträgen gegenüber abgeneigt" soll kontrollieren, ob die Befragten sich eventuell eine transparentere Kennzeichnung wünschen, diesen aber dennoch abgeneigt sind. Dieses Item dient somit als Kontrolle des ersten Items. Wünschen sich die Befragten tatsächlich eine transparente Kennzeichnung, sollten sie werblichen Beiträgen gegenüber theoretisch nicht abgeneigt sein. Da die Befürchtung einer Reaktanz die meisten Unternehmen dazu bewegt, Kooperationen nicht deutlich zu kennzeichnen (vgl. Kapitel 4.7), soll hier direkt gefragt werden, ob Follower bislang bewusst mit einer Abneigung auf werbliche Kennzeichnungen reagiert haben.

Die Beziehung von Influencer und Follower

> **Hypothese 8:** Für die Follower sind Kooperationen glaubwürdiger, wenn eine hohe Verbundenheit zum Influencer besteht.

Um die Abhängigkeit der Glaubwürdigkeit von der Verbundenheit zu einem Influencer zu überprüfen, wird erneut auf die Vertrauensskala von Kohring und Matthes (2003) zurückgegriffen. Es wurden jeweils zwei Items zum Vertrauen in die Korrektheit und Vertrauen in die Vollständigkeit von Informationen kombiniert, um eine möglichst gute Einschätzung der Glaubwürdigkeit zu bekommen. Damit die Befragten die Items zur Glaubwürdigkeit und parasozialen Beziehung besser bewerten können, beziehen sich diese jeweils auf den Lieblings-Influencer. Mit dem Item „Mein Lieblings-Influencer gibt Dinge so wieder, wie sie sind. Ich kann mich auf seine Informationen verlassen" wird das Vertrauen in die Korrektheit gemessen. Das Item „Durch meinen Lieblings-Influencer kann ich mir ein vollständiges Bild von bestimmten Themen machen und erhalte Informationen, die ich brauche" gibt Aufschluss über das Vertrauen in die Vollständigkeit. Damit werden beide Dimensionen der Glaubwürdigkeit nach Kohring und Matthes (2003) gemessen. Die Items werden in der Auswertung zur abhängigen Variable Glaubwürdigkeit verdichtet.

Um die unabhängige Variable, die Stärke der Beziehung zu dem Lieblings-Influencer, zu messen, wurde die Skala zur parasozialen Beziehung von Rössler (2011) herangezogen. Rössler nutzte 16 Items, welche auf einer fünfstufigen Likert-Skala (1 = stimme überhaupt nicht zu bis 5 = stimme voll und ganz zu) abgefragt werden. Fünf dieser Items beziehen sich auf die persönliche Beziehung zu einer medialen Person. Diese fünf Items wurden auch in dieser Befragung genutzt, um die Beziehung zum Lieblings-Influencer zu messen. Diese Skala hat ebenfalls den Vorteil, dass sie bereits validiert und mehrfach getestet wurde, deshalb kann von einer hohen Reliabilität ausgegangen werden. Die Items wurden an den Sachverhalt Influencer Kommunikation angepasst:

„Ich kenne den Influencer ein wenig besser als die anderen Follower."

„Wenn über den Influencer berichtet wird, lese ich die Meldung."

„Ich habe das Gefühl, als würde ich den Influencer persönlich gut kennen."

„Im Alltag denke ich an Dinge, die der Influencer gesagt oder geschrieben hat."

„Der Influencer stammt aus denselben Kreisen wie ich."

Auch diese Items werden in der Auswertung zu der Variable „Parasoziale Beziehung" verdichtet. Mit diesen Daten zur Glaubwürdigkeit und parasozialen Beziehung zu einem Lieblings-Influencer, kann die Abhängigkeit untersucht werden. Mittels einer Regressionsanalyse wird in der Auswertung geprüft, ob ein Zusammenhang zwischen der Beziehungsstärke und der Glaubwürdigkeit des Influencers besteht.

5.3 Stichprobe

Es nahmen 185 Personen an der Umfrage teil. Nach Bereinigung des Datensatzes verblieben 154 Teilnehmer, die die Umfrage abgeschlossen haben. 152 Teilnehmer konnten zudem mit dem Begriff Influencer etwas anfangen und 147 Teilnehmer haben bereits werbliche Beiträge und Kooperationen zwischen Influencern und Unternehmen wahrgenommen.

95,9 % der Befragten nutzen Instagram (siehe Anhang B, Tabelle 19). Da alle 147 Probanden YouTube nutzen, was mit der letzten Filterfrage untersucht wurde, fallen keine weiteren Teilnahmen aus der Auswertung raus (siehe Anhang B, Tabelle 20). Bei den Auswertungen werden demnach 147 Teilnehmer berücksichtigt. Es ist bereits hier zu sagen, dass die Anzahl der Teilnehmer im Rahmen dieser Arbeit keine zu 100 % repräsentativen Ergebnisse ermöglicht, wohl aber eine Übersicht und eine erste Einschätzung der Bewertung der Influencer Kooperationen durch die Follower.

Die Altersspanne der Teilnehmer liegt zwischen 20 und 54 Jahren. Mit 81 % stellen die 20- bis 29-Jährigen die größte Altersgruppe dar (siehe Anhang B, Tabelle 23). Der Großteil der Befragten gab mit 64,6 % Abitur/ Fachhochschulreife als höchsten Bildungsabschluss an. 25,2 % besitzen bereits einen akademischen Abschluss und 7,5 % einen Realschulabschluss. Die restlichen 2,7 % gaben „Sonstiges" an (siehe Anhang B, Tabelle 22). Bei der Interpretation der Ergebnisse ist zu beachten, dass ein Großteil der Stichprobe überdurchschnittlich hoch gebildet und größtenteils sehr jung ist. Mit 79,6 % ist der Großteil der Befragten weiblich und 19,7 % männlich (siehe Anhang B, Tabelle 21).

Um Personen zu erreichen, die eine möglichst hohe Affinität zu den sozialen Medien haben, insbesondere Instagram und YouTube, wurde vor allem auf diesen Plattformen zur Teilnahme aufgerufen. Aber auch die Streuung über andere soziale Kanäle hat sich als erfolgreich erwiesen. Dabei wurde um die Meinung zu Kooperationen auf Instagram und YouTube gebeten. Die Umfrage wurde mehrfach geteilt, was dazu führte, dass Menschen aus verschiedenen Kreisen teilnahmen. Dadurch stellt die Stichprobe mit höherer Wahrscheinlichkeit die Meinungen der Grundgesamtheit dar. Der Fragebogen wurde anhand eines Pretests mit sieben Personen getestet. Anschließend wurde der Fragebogen sprachlich angepasst und einige Items für eine bessere Verständlichkeit umformuliert.

6 Forschungsergebnisse und Interpretation

Nachdem die Methode und Vorgehensweise der Befragung sowie die Operationalisierung erläutert wurden, werden in diesem Kapitel die Ergebnisse der empirischen Untersuchung dargelegt. Die Hypothesen und Fragestellungen werden anhand dieser Ergebnisse Schritt für Schritt überprüft. Die Auswertung zeigt, wie die Befragten die Einflussfaktoren auf den Erfolg von Kooperationen zwischen Influencern und Unternehmen bewerten und was ihnen bei Kooperationen wichtig ist. Alle detaillierten Datentabellen sind in Anhang A zu finden.

6.1 Die Kooperationsform

Fragestellung 1: Welche Kooperationsformen empfinden die Follower als glaubwürdig?

Die Abfrage der Meinungen zu den verschiedenen Kooperationsformen passierte in zwei Stufen. Die erste Frage „Welche der folgenden Kooperationsformen würdest du gerne häufiger auf Instagram und YouTube sehen?" gab einen guten Überblick über die bevorzugten Kooperationsformen (siehe Abb. 6).

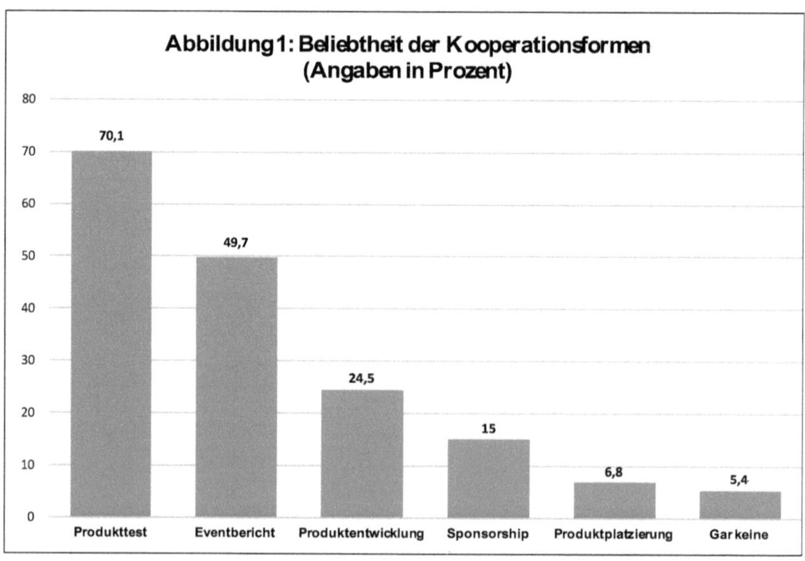

Abbildung 6: Abfrage der Beliebtheit der Kooperationsformen. Mehrfachantwort möglich. $n = 147$.

Mit 70,1 % ist der Produkttest mit Abstand die beliebteste Kooperationsform. Fast Dreiviertel aller befragten Personen möchten in Zukunft mehr Produkttests sehen. Es folgt der Eventbericht mit 49, 7 %, die Produktentwicklung mit 24,5 %, Sponsorship mit 15 % und die Produktplatzierung mit 6,8 %. Es bestand zudem die Möglichkeit einer offenen Antwort. 5,4 % der Befragten antworteten darauf, sie wollen in Zukunft keine der Kooperationsformen mehr sehen. Auffällig ist, dass nur ein kleiner Anteil der Befragten keine der Kooperationsformen in Zukunft häufiger sehen möchte.

Im zweiten Schritt wurden die beiden Items „Mit dieser Kooperationsform kann der Influencer Informationen korrekt wiedergeben" und „Mit dieser Kooperationsform kann der Influencer mir alle Informationen geben, die ich brauche" wie im Kapitel 5.3 beschrieben zur Glaubwürdigkeit von Kooperationsformen verdichtet und die Mittelwerte miteinander verglichen (siehe Abb. 7).

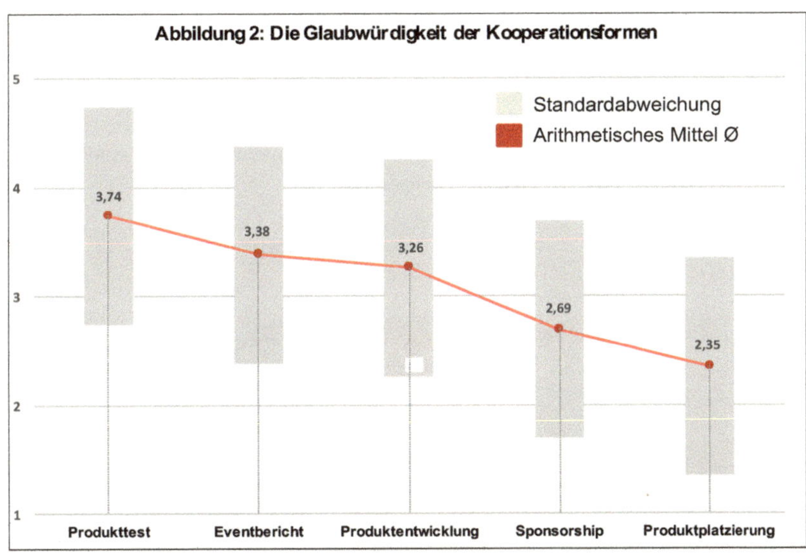

Abbildung 7: Mittelwertvergleich der Glaubwürdigkeit von Kooperationsformen. Abfrage auf einer fünfstufigen Skala (1 = sehr unglaubwürdig bis 5 = sehr glaubwürdig). $n = 147$.

Der Produkttest ist mit einem Durchschnitt von 3,74 die glaubwürdigste Kooperationsform. Es folgen der Eventbericht mit einem Durchschnitt von 3,38 und die Produktentwicklung mit 3,26. Sowohl Produkttest, Eventbericht als auch Produktentwicklung liegen im Schnitt über 3 und gelten somit zumindest als eher glaubwürdig. Sponsorship mit einem Durchschnitt von 2,69 und Produktplatzierung mit 2,35 liegen im Schnitt unter 3 und gelten somit als eher unglaubwürdig. Die Standardabweichung liegt im Schnitt bei 1,0 (siehe Anhang B, Tabelle 5). Vergleicht man Abb. 1 und 2 wird deutlich, dass die Abstufung der Kooperationsformen identisch ist. Beide Ergebnisse beantworten die Fragestellung 1 gleichermaßen: Die Befragten bevorzugen Produkttest und Eventberichte gegenüber anderen Kooperationsformen und halten diese Form der Kooperation für glaubwürdig. Die Produktentwicklung wird als glaubwürdig bewertet, wird jedoch in Zukunft im Vergleich zu anderen Formen wenig gewünscht (siehe Abb. 1). Sponsorship und Produktplatzierung stellen die am wenigsten beliebten Kooperationsformen dar und genießen keine hohe Glaubwürdigkeit. Die Ergebnisse liefern Hinweise für die zukünftige Planung von Kooperationen. Da Produkttest besonders beliebt sind, bieten sich auch Mischformen von Produkttests und anderen Kooperationsformen an, um von den Followern positiv wahrgenommen zu werden. Reine Produktplatzierungen sind wenig beliebt und könnten mit anderen Formen kombiniert werden, um die Glaubwürdigkeit zu steigern.

6.2 Der Kooperationszeitraum

Hypothese 1: Follower bevorzugen Influencer Kooperationen über einen längeren Zeitraum gegenüber einmaligen Kooperationen.

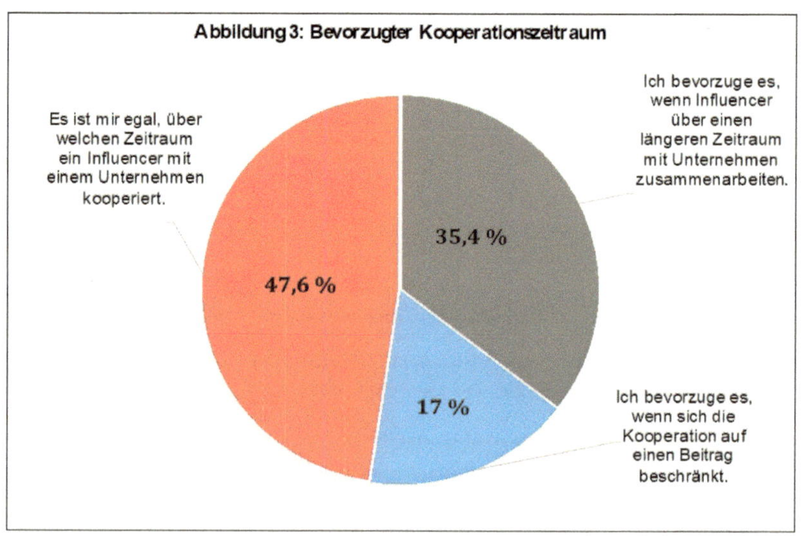

Abbildung 8: Abfrage zum bevorzugten Kooperationszeitraum mit drei Auswahlmöglichkeiten. *n* = 147.

Abbildung 8 zeigt, dass es mit 47,6 % rund der Hälfte der Befragten egal ist, über welchen Zeitraum ein Influencer mit einem Unternehmen kooperiert. 35,4 % bevorzugen Kooperationen über einen längeren Zeitraum und 17 % bevorzugen es, wenn sich die Kooperation auf einen Beitrag beschränkt. Betrachtet man die 47,4 %, für die der Kooperationszeitraum eine Rolle spielt, so lässt sich festhalten, dass ca. doppelt so viele Befragungsteilnehmer Kooperationen über einen längeren Zeitraum gegenüber einmaligen Kooperationen bevorzugen. Hypothese 1 kann somit bestätigt werden. Aus diesem Grund scheint der Trend zu langfristigen Influencer Relations, wie in Kapitel 4.2 beschrieben, auch aus Perspektive der Follower sinnvoll. Es sollte dabei aber bedacht werden, dass der Zeitraum der Zusammenarbeit für die Follower keine so große Bedeutung hat wie angenommen. Fast der Hälfte der Befragungsteilnehmer ist der Kooperationszeitraum nicht wichtig.

6.3 Die Anzahl der Kooperationen

Hypothese 2: Follower bevorzugen es, wenn Kooperationsbeiträge den eigenen Content des Influencers nicht überwiegen.

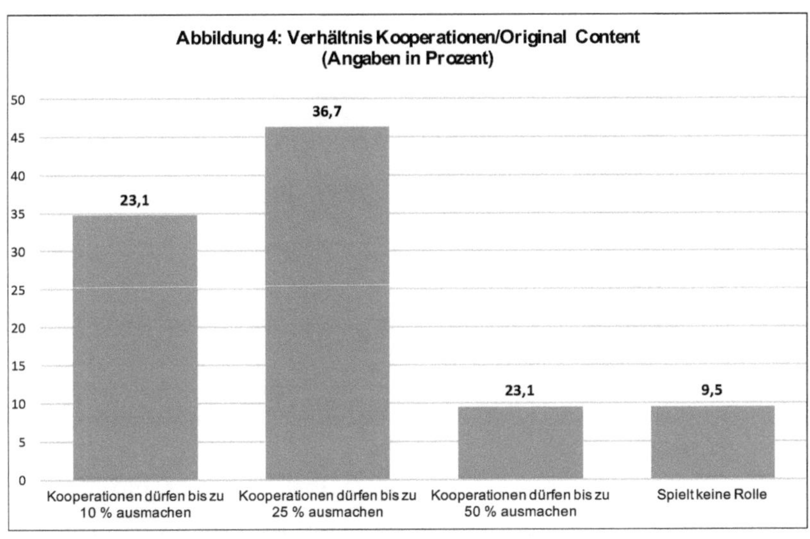

Abbildung 9: Abfrage zum Anteil an Kooperationen im Verhältnis zu eigenen Beiträgen des Influencers. *n* = 147.

Auf die Frage „Wie hoch darf der Anteil an Kooperationen im Verhältnis zu eigenen Beiträgen des Influencers sein?" antworteten lediglich 9,5 % der Befragten mit „Der Influencer kann so viele Kooperationen umsetzen, wie er möchte" (siehe Abb. 9). Für die restlichen 91,5 % ist es wichtig, dass werbliche Beiträge die eigenen Beiträge des Influencers nicht überwiegen. Für 23,1 % der Befragten dürfen Kooperationen bis zu 10 % der Beiträge ausmachen, womit jeder zehnte Beitrag werblich sein darf. Für 36,7 % dürfen Kooperationen bis zu 25 % und somit jeden vierten Beitrag ausmachen. 23,1 % akzeptieren es, wenn bis zu 50 % und somit die Hälfte der Beiträge werblich sind. Die Antwortmöglichkeiten bis zu

75 % und 75 bis 100 % wurden nicht genutzt. Dies bestätigt Hypothese 2. Werbliche Beiträge dürfen höchstens 50 % der Beiträge des Influencers ausmachen und den eigenen Content nicht überwiegen. Der Großteil der Befragten toleriert es, wenn 25 % der Beiträge und somit jeder vierte Beitrag eine Kooperation ist. Es wurde zudem abgefragt, wie viele Kooperationen pro Woche in Ordnung sind.

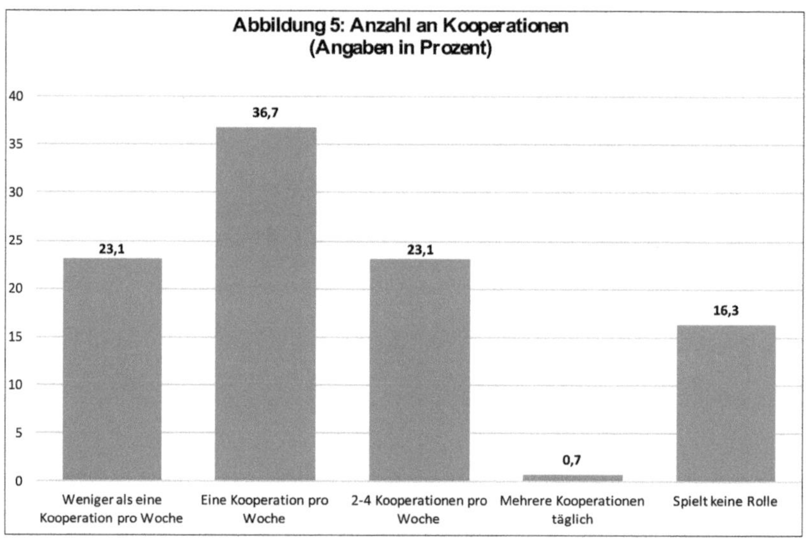

Abbildung 10: Abfrage der maximal tolerierten Anzahl an Kooperationen pro Woche mit sechs Antwortmöglichkeiten. Antwortvorgabe „5-7 Kooperationen pro Woche" wird nicht genutzt. n = 147.

Abbildung 10 zeigt die Auswertungen zu der Frage „Wie viele Kooperationen sollten Influencer in einer Woche höchstens umsetzen?". Für 36,7 %, und damit den Großteil der Befragten, ist eine Kooperation pro Woche in Ordnung. 23,1 % geben an, Influencer sollten weniger als eine Kooperation pro Woche umsetzen. Weitere 23,1 % tolerieren 2-4 Kooperationen pro Woche. Fünf Kooperationen oder mehr werden lediglich von 0,7 % toleriert. Für 16,3 % spielt die Anzahl der Kooperationen keine Rolle. Für mehr als ein Drittel der Befragten schadet eine Kooperation pro Woche somit sehr wahrscheinlich nicht der Glaubwürdigkeit. Ab fünf oder mehr Kooperationen ist die Wahrscheinlichkeit allerdings groß, dass der Influencer unglaubwürdig wird.

In Kapitel 4.3 wurde beschrieben, dass zu viele werbliche Beiträge der Glaubwürdigkeit schaden. Auch aus Sicht der Follower lässt sich dies somit bestätigen. Die Anzahl der Kooperationen auf dem Kanal des Influencers ist dementsprechend ein wichtiger Faktor, der sich auf den Erfolg von Kooperationen auswirkt. Als Richtwert, sollten Influencer nicht mehr Kooperationsbeiträge als eigene Beiträge posten und höchstens vier Kooperationen pro Woche umsetzen. Die Ergebnisse zu der Anzahl der Kooperationen zeigen deutlich, dass Follower Kooperationen gegenüber nicht grundsätzlich abgeneigt sind. Es gibt lediglich Toleranzgrenzen, die es für erfolgreiche Kooperationen zu beachten gilt. Influencer sowie Unternehmen sollten diese Toleranzgrenze der Follower bei der Planung von Kooperationen bedenken.

6.4 Die Anzahl der Kooperationspartner

Hypothese 3: Follower bevorzugen es, wenn Influencer mit wenigen Unternehmen zusammenarbeiten.

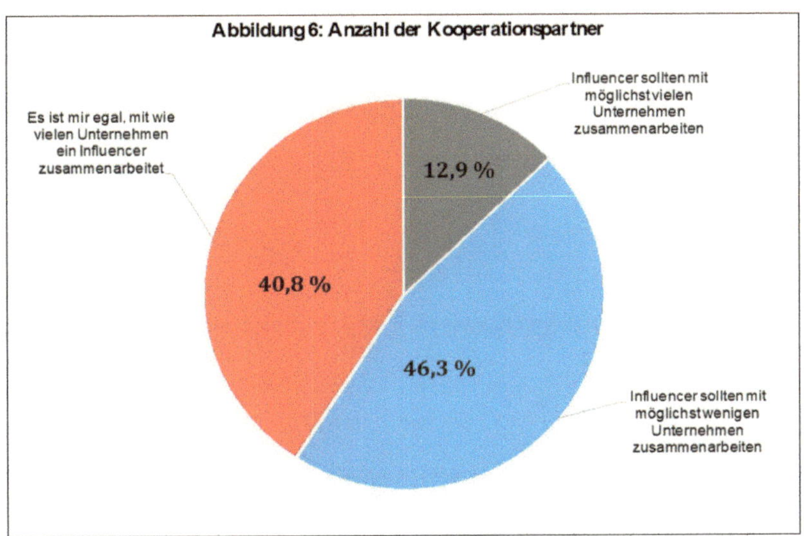

Abbildung 11: Abfrage zur Anzahl an Kooperationspartnern, mit denen ein Influencer zusammenarbeitet. *n* = 147.

Auf die Frage „Bezogen auf die Anzahl an Unternehmen, mit denen der Influencer zusammenarbeitet, wann sind Influencer für dich erfolgreich?" antworteten 46,3 % der Befragten, Influencer sollten mit möglichst wenigen Unternehmen zusammenarbeiten und 12,9 % empfinden, Influencer sollten mit möglichst vielen Unternehmen zusammenarbeiten (siehe Abb. 11). Für 40, 8 % spielt die Anzahl der Kooperationspartner keine Rolle. Man stellt fest: Auch die Anzahl der Kooperationspartner spielt ähnlich wie der Kooperationszeitraum für einen großen Teil der Befragten keine Rolle. Betrachtet man die übrigen 59,2 %, denen die Anzahl der Kooperationspartner nicht egal ist, so wird deutlich, dass mit 46,3 % die Mehrheit wenige Kooperationspartner bevorzugt. Hypothese 3 kann somit ebenfalls bestätigt werden. Gleich wenn auch dieser Faktor für viele Follower keine Rolle spielt. Im Vergleich zu der Anzahl der Kooperationen, ist die Anzahl der Kooperationspartner weniger relevant.

6.5 Die thematische Passung

Hypothese 4: Followern ist es wichtig, dass Kooperationen thematisch zum Influencer passen.

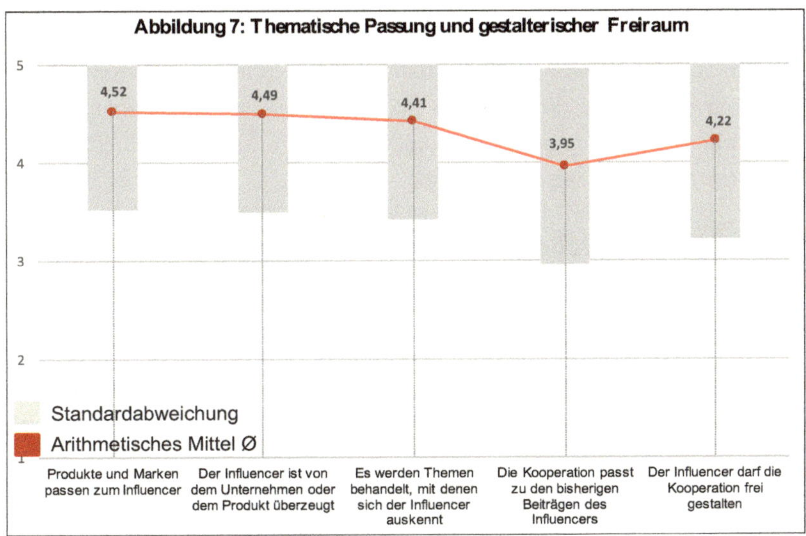

Abbildung 12: Abfrage von fünf Items zur thematischen Passung und dem gestalterischen Freiraum auf einer fünfstufigen Skala (1 = überhaupt nicht wichtig bis 5 = sehr wichtig). Darstellung durch Mittelwertvergleich. $n = 147$.

Zur thematischen Passung wurden vier Items abgefragt. Wie Abbildung 12 veranschaulicht, werden die ersten vier Items, die sich auf die thematische Passung beziehen, auf der Skala mit mehr als 3 bewertet und sind somit wichtig bis sehr wichtig für die Befragten. Mit einer durchschnittlichen Bewertung von 4,52 ist es den Befragten sehr wichtig, dass Produkte und Marken zum Influencer passen. Dass der Influencer von dem Unternehmen oder den Produkten überzeugt ist, ist mit einem Durchschnitt von 4,49 ebenfalls sehr wichtig. Auch dass der Influencer sich mit den Themen auskennt, die er in einer Kooperation behandelt ist mit 4,41 im Durchschnitt wichtig. Dass die Kooperation zu den bisherigen Beiträgen des Influencers passt, ist im Schnitt mit einer Bewertung von 3,95 immer noch wichtig, allerdings im Vergleich zu den anderen Punkten etwas weniger relevant.

Nach Verdichtung aller vier Items wird die thematische Passung insgesamt mit 4,34 bewertet und gilt somit als wichtiger Erfolgsfaktor für die Influencer Kooperationen. Die Standardabweichung liegt bei allen Items bei ca. 0,9, womit keiner der Befragten die thematische Passung mit weniger als 3 (neutral) bewertet hat (siehe Anhang B, Tabelle 11). Kooperationen sind nur dann erfolgreich, wenn Influencer zu Unternehmen und Marken passen, mit denen sie kooperieren und die Follower dem Influencer eine inhaltliche Passung zuschreiben (vgl. Kapitel 4.5). Die Befragung hat an dieser Stelle gezeigt, dass es den Followern ebenfalls sehr wichtig ist, dass Influencer und Unternehmen in einer Kooperation zusammenpassen. Unternehmen sollten deshalb bei der Influencer Kommunikation verstärkt darauf achten, die richtigen Influencer für ihre Kampagnen auszuwählen. Und Influencer sollten möglichst nur Kooperationsanfragen annehmen, wenn eine thematische Passung gegeben ist.

6.6 Der gestalterische Freiraum

Hypothese 5: Follower bevorzugen es, wenn Influencer einen großen gestalterischen Freiraum haben.

Der gestalterische Freiraum wurde im selben Zuge, wie die thematische Passung abgefragt (siehe Abb. 7). Die Befragten bewerteten den gestalterischen Freiraum im Durchschnitt mit 4,22, womit auch dieser Faktor bei Kooperationen zwischen Influencern und Unternehmen wichtig ist. Influencer sollten Kooperationen individuell und kreativ umsetzen können (vgl. Kapitel 4.6). Dies ist, wie sich durch dieses Ergebnis zeigt, auch den Followern wichtig. Unternehmen sollten den Influencern einen großen gestalterischen Freiraum bei Kooperationen lassen, damit diese auch bei den Followern authentisch und glaubwürdig ankommen. Follower finden es wichtig, dass der Influencer die Kooperation frei gestalten darf.

6.7 Die werbliche Kennzeichnung

Hypothese 6: Follower bevorzugen es, wenn der werbliche Charakter von Kooperationen transparent kommuniziert wird.

Zur werblichen Kennzeichnung wurden drei Items auf einer fünfstufigen Skala abgefragt und die Mittelwerte in der Auswertung verglichen (siehe Abb. 8). Das Item „Ich möchte sofort erkennen, wenn es sich um einen werblichen Beitrag handelt" wurde im Durchschnitt mit 4,39 bewertet. 66 % der Befragten stimmen dabei für „trifft voll und ganz zu" (siehe Anhang B, Tabelle 12). Ihnen ist es sehr wichtig, werbliche Beiträge sofort zu erkennen. Damit ist dem Großteil der Befragten eine eindeutige und transparente Kennzeichnung wichtig. Hypothese 6 lässt sich bestätigen: Follower bevorzugen es, wenn Kooperationen transparent kommuniziert werden.

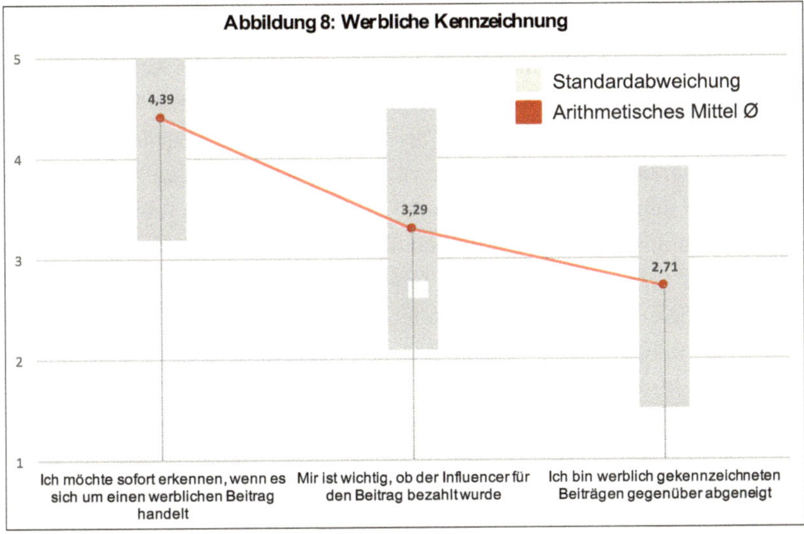

Abbildung 13: Abfrage von 3 Items zur werblichen Kennzeichnung von Kooperationen auf einer fünfstufigen Skala (1 = trifft überhaupt nicht zu bis 5 = trifft voll und ganz zu). Darstellung durch Mittelwertvergleich. n = 147.

Das Item „Mir ist nicht wichtig, ob der Influencer für die Kooperation bezahlt wurde" wurde zur Auswertung umgepolt in „Mir ist wichtig, ob der Influencer für die Kooperation bezahlt wurde", um die Items vergleichen zu können. Dieses Item wird im Durchschnitt mit 3,29 bewertet und ist damit neutral bis eher wichtig. Followern ist es wichtig, dass werbliche Beiträge transparent kommuniziert werden. Wie der Influencer für die Kooperation entlohnt wird, ist dabei weniger relevant.

Das Item „Ich bin werblich gekennzeichneten Beiträgen gegenüber abgeneigt" diente als Kontrolle der Bewertungen des ersten Items. Die Abneigung gegenüber Kooperationen wurde im Schnitt mit 2,71 bewertet. Die meisten Befragten sind Kooperationen gegenüber nicht abgeneigt. Dies könnte ein Indiz dafür sein, dass Follower Kooperationen immer mehr mit Toleranz als mit Reaktanz begegnen. Anders als also bisher oft angenommen, kommen Kooperationsbeiträge eventuell inzwischen besser an, wenn sie als solche erkennbar sind (vgl. Kapitel 4.7). An dieser Stelle bieten sich viele Ansatzpunkte für die weitere Forschung.

6.8 Die Beziehung von Influencer und Follower

Hypothese 7: Für die Follower sind Kooperationen glaubwürdiger, wenn eine hohe Verbundenheit zum Influencer besteht.

Die Abbildung 14 (siehe nächste Seite) veranschaulicht die Auswirkung der parasozialen Beziehung auf die Glaubwürdigkeit. Mittels einer Regressionsanalyse wurde die Abhängigkeit beider Variablen untersucht. Zuvor wurden die fünf Items zur parasozialen Beziehung und die zwei Items zur Glaubwürdigkeit jeweils verdichtet (siehe Anhang B, Tabelle 15 und 16). Mit einem Anstieg der parasozialen Beziehung auf einer fünfstufigen Skala um eine Einheit steigt die Glaubwürdigkeit um 0,74 (siehe Anhang, Tabelle 18). Das Ergebnis ist eindeutig: Die Glaubwürdigkeit des Influencers steigt mit der Beziehungsstärke. Mit einer Signifikanz von 0,00 wirkt sich die parasoziale Beziehung mit hoher Wahrscheinlichkeit auch in der Grundgesamtheit auf die Glaubwürdigkeit des Lieblings-Influencers aus (siehe Anhang B, Tabelle 18). Dies bestätigt Hypothese 7: Je stärker die Beziehung zu dem Lieblings-Influencer, umso größer ist auch seine Glaubwürdigkeit bei den Followern. Dieses Ergebnis sollte Unternehmen den Anreiz geben, bei der Auswahl von Influencern auf eine enge Beziehung zu den Followern zu achten. Die Beziehungsstärke stellt eine wichtige Kennzahl dar, die vermutlich mehr aussagt, als die Followerzahlen der Influencer.

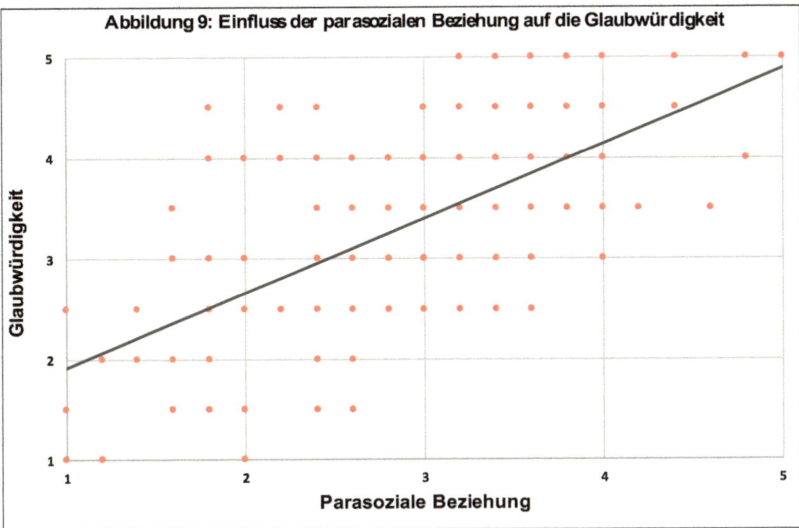

Abbildung 14: Regressionsanalyse zu der Auswirkung der parasozialen Beziehung auf die Glaubwürdigkeit. Darstellung jeweils auf einer fünfstufigen Skala (1 = sehr unglaubwürdig bis 5 = sehr glaubwürdig bzw. 1 = sehr schwache Beziehung bis 5 = sehr starke Beziehung). n = 147.

7 Fazit und Ausblick

Die empirische Untersuchung hat gezeigt, welche Meinungen Follower zu den verschiedenen ermittelten Erfolgsfaktoren für Influencer Kooperationen haben. Die Kooperationsform, der Kooperationszeitraum, die Anzahl der Kooperationen und Kooperationspartner, die thematische Passung, der gestalterische Freiraum, die werbliche Kennzeichnung und die Beziehung zum Influencer spielen für die Follower eine Rolle bei der Bewertung und Wahrnehmung von Kooperationen. Bislang wurde der Perspektive der Follower in der wissenschaftlichen Auseinandersetzung wenig Beachtung geschenkt. Durch die Befragung konnte ein erster Überblick über die Meinungen und Einstellungen der Follower geschaffen werden. Anhand der Forschungsergebnisse lassen sich folgende Leitlinien für erfolgreiche Influencer Kooperationen aus der Perspektive der Follower ableiten. Sie fassen die Forschungsergebnisse zu der Frage, wie Follower die Einflussfaktoren auf den Erfolg von Kooperationen zwischen Influencern und Unternehmen bewerten zusammen:

1. Produkttests und Eventberichte genießen eine hohe Glaubwürdigkeit und gelten als bevorzugte Kooperationsformen. Einfache Produktplatzierungen stellen die am wenigsten beliebte sowie glaubwürdige Kooperationsform dar.

2. Langfristige Kooperationen sind bei den Followern beliebter als einmalige Kooperationen. Allerdings spielt der Kooperationszeitraum für rund die Hälfte der Follower keine Rolle.

3. Weniger als eine bis eine Kooperation pro Woche werden von einem Großteil der Follower toleriert. Mehr als vier Kooperationen pro Woche sind den Followern zu viel. Wichtig ist, dass die werblichen Beiträge des Influencers den eigenen Content nicht überwiegen.

4. Für die Follower sind Influencer erfolgreich, wenn sie mit wenigen Unternehmen kooperieren. Für einen Großteil der Follower ist die Anzahl der Kooperationspartner jedoch nicht wichtig.

5. Die thematische Passung von Influencern und Unternehmen ist den Followern wichtig. Marken und Unternehmen sollten zum Influencer passen und der Influencer sollte von diesen überzeugt sein. Der Influencer sollte zudem nur Themen behandeln mit denen er sich auskennt.

6. Den Followern ist wichtig, dass der Influencer eine Kooperation frei gestalten darf.

7. Followern ist es wichtig, dass werbliche Beiträge transparent kommuniziert werden. Dabei wollen sie die Kooperation sofort als solche erkennen, müssen jedoch nicht wissen, ob der Influencer für die Kooperation bezahlt wurde.

8. Die Glaubwürdigkeit eines Influencers steigt mit der Beziehungsstärke zu seinen Followern. Influencer mit einer enger Zuschauerbindung sind für diese somit besonders glaubwürdig.

Es ist an dieser Stelle festzuhalten, dass den einzelnen Erfolgsfaktoren im Rahmen dieser Arbeit keine vollständige und umfassende Aufmerksamkeit geschenkt werden konnte. Anspruch dieser Arbeit war es, einen ersten Überblick zu der Perspektive der Follower zu schaffen. Die Erkenntnisse dieser Untersuchung beruhen auf der Selbsteinschätzung der Befragungsteilnehmer. Für genauere und fundierte Ergebnisse müssten diese experimentell untersucht werden. Allerdings bieten sich hier viele Anreize für die zukünftige Forschung. Experimente etwa zu der Beziehung von Influencern und Followern oder der Wahrnehmung der werblichen Kennzeichnung könnten die gewonnenen Erkenntnisse erweitern und festigen. Auch ab wann Follower werblichen Content als solchen erkennen, könnte experimentell untersucht werden. Es ist zudem zu bedenken, dass die Teilnehmer der Befragung überdurchschnittlich hoch gebildet, überwiegend weiblich und im Alter von 20 bis 29 Jahren waren. Mit einer Stichprobe von 147 Befragungsteilnehmern kann nur bedingt eine Repräsentativität hergestellt werden. Allerdings reichen die Ergebnisse aus, um Trends und Tendenzen zu erkennen und Aussagen darüber zu treffen, was den Followern wichtig ist.

Die Untersuchung soll dazu anregen, die Perspektive zu wechseln und die Meinungen der Follower in den Vordergrund zu stellen. Da Kooperationen allein die Follower und somit die Nutzer der sozialen Netzwerke erreichen sollen, ist die Nutzer-Perspektive für die Influencer Kommunikation besonders wichtig. Auch wenn bei den meisten Fragen eine Residualkategorie angeboten wurde, wurde diese häufig nicht genutzt. Dies zeigt, Follower haben eine Meinung zu Kooperationen und wollen diese kundtun. Wie bereits in der Einleitung erwähnt, scheuen viele Unternehmen sich davor, Kooperationen deutlich zu kennzeichnen und transparent zu kommunizieren. Follower sind Kooperationen jedoch nicht grundsätzlich abgeneigt (vgl. Kapitel 6.7). Die Ergebnisse zeigen: Follower bewerten Kooperationen nicht durchweg schlecht, sondern haben bei den verschiedenen Faktoren unterschiedliche Toleranzgrenzen, die es zu beachten gilt. Wenn Unternehmen und auch Influencer die Meinungen der Follower beachten und transparenter mit diesem Thema umgehen, können Kooperationen und werbliche Kennzeichnungen in Zukunft positiver wahrgenommen werden. Influencer sowie Unternehmen können die gewonnenen Erkenntnisse und Leitlinien nutzen, um Kooperationen Follower-freundlich zu gestalten und um eine möglichst positive Wahrnehmung anzustreben. Die PR-Branche sollte sich bemühen, die Influencer Kommunikation nachhaltig einzusetzen und die Wahrnehmung von Kooperationen in der Öffentlichkeit zu optimieren. Ein Austausch mit den Followern ist auf dem Weg der Professionalisierung der Influencer Kommunikation deshalb unabdingbar.

Literaturverzeichnis

Angleitner, A. & Riemann, R. (1996). Selbstberichtdaten: Fragebogen, Erlebnisanalyse. In: K. Pawlik (Hrsg.), *Enzyklopädie der Psychologie* (S. 427-462). Göttingen: Hogrefe.

Bartholomäus, U. (2016). *Nur dann, wenn es zur Marke passt.* Zugriff am 01.04.2018 unter https://www.haufe.de/marketing-vertrieb/online-marketing/influencer-marketing-testimonial-muss-zur-marke-passen_132_349138.html

Becker, L. (2017). *Influencer Marketing vs. Relations – langfristige Zusammenarbeit zahlt sich aus.* Zugriff am 22.04.2018 unter https://lebuzz-mag.com/de/secret-shares/influencer-marketing-vs-relations-langfristige-zusammenarbeit-zahlt-sich-aus/

Bentele, G. (1988). *Der Faktor Glaubwürdigkeit. Forschungsergebnisse und Fragen für die Sozialisationsperspektive. Publizistik, 33*(2/3), 406–426.

Bodykiss (2018). *YouTube-Kanal.* Zugriff am 03.04.2018 unter https://www.youtube.com/user/BodyKiss88/search?query=puma

Bogus, C. (2018). Produktplatzierungen auf YouTube: Eine Untersuchung zu werberechtlichen Rahmenbedingungen und der Wahrnehmung von Produktplatzierungen. In A. Schach & T. Lommatzsch (Hrsg.), *Influencer Relations* (S. 89-106). Wiesbaden: Springer.

Borchers, N.S. & Enke, N. (2018). Von den Zielen zur Umsetzung: Planung, Organisation und Evaluation von Influencer-Kommunikation. In A. Schach & T. Lommatzsch (Hrsg.), *Influencer Relations.* Wiesbaden: Springer.

Borchers, N.S., Enke, N. (2018). Von den Zielen zur Umsetzung: Planung, Organisation und Evaluation von Influencer-Kommunikation. In A. Schach & T. Lommatzsch (Hrsg.), *Influencer Relations* (S. 177-200). Wiesbaden: Springer.

Bundesverband Digitale Wirtschaft (BVDW) & INFLURY GmbH (2017). *Bedeutung von Influencer Marketing in Deutschland 2017.* Zugriff am 07.01.2018 unter https://www.bvdw.org/fileadmin/bvdw/upload/studien/171128_IM-Studie_final-draft-bvdw_low.pdf

Burmann, C., Halaszovich, T. & Hemmann, F. (Hrsg.). (2012). *Identitätsbasierte Markenführung. Grundlagen – Strategie – Umsetzung – Controlling.* Wiesbaden: Springer.

Ceyp, M.H. & Kurbjeweit, T. Kooperative Monetarisierung auf YouTube – Gestaltungsoptionen und Erfolgsfaktoren. In: M.H. Ceyp & T. Kurbjeweit (Hrsg.). *Dialogmarketing Perspektiven 2016/2017* (S. 183-206). Wiesbaden: Springer.

Colliander, J. & Erlandsson, S. (2015). The blog and the bountiful. Exploring the effects of disguised product placement on blogs that are revealed by a third party. *Journal of Marketing Communications, 21*(2), 110-124. doi: 10.1080/13527266.2012.730543

Connolly, B. (2017). *Why consumers follow, listen to, and trust influencers.* Zugriff am 09.01.2018 unter http://www.olapic.com/resources/consumers-follow-listen-trust-influencers_article/

Die Medienanstalten (o.J.). *Hinweise auf Produkte bei Youtube & Co: Darf ich das? Wie darf ich das?* Zugriff am 15.04.2018 unter https://www.die-medienanstal-ten.de/fileadmin/user_upload/Rechtsgrundlagen/Richtlinien_Leitfaeden/FAQ-Flyer_Kennzeichnung_Werbung_Social_Media.pdf

Döring, N. (2013). Wie Medienpersonen Emotion und Selbstkonzept der Mediennutzer beeinflussen. Empathie, sozialer Vergleich, parasoziale Beziehung und Identifikation. In: W. Schweiger & A. Fahr (Hrsg.), *Handbuch Medienwirkungsforschung* (S. 295–310). Wiesbaden: Springer.

DRPR (2011). *Richtlinie zur Schleichwerbung.* Zugriff am 11.01.2018 unter http://drpr-online.de/kodizes-2/ratsrichtlinien/schleichwerbung/

Emma Hill (2018). *YouTube-Video.* Zugriff am 03.04.2018 unter https://www.youtube.com/watch?v=KKovJetXgnw

Esch F.R., Krieger K.H. & Strödter K. (2009). Durchbrechen des Gewohnten durch Below-the-line-Kommunikation. In: M. Bruhn, F.R. Esch., T. Langner (Hrsg.), *Handbuch Kommunikation* (S. 85-106). Wiesbaden: Gabler.

Faßmann, M. & Moss, C. (Hrsg.). (2016). *Instagram als Marketing-Kanal.* Wiesbaden: Springer.

Firsching, J. (2017). *Influencer Marketing Studie: 74 % haben Influencer noch nicht wahrgenommen.* Zugriff am 07.01.2018 unter http://www.futurebiz.de/artikel/wahrnehmung-influencer-marketing/

G+J (2017). *Die Wirkung der Influencer. Do's and Dont's beim Influencer Marketing.* Zugriff am 11.01.2018 unter http://www.gujmedia.de/uploads/media/guj_influencer_marketing_dme xco_2017.pdf

Fleschhut, M. (2017). *Influencer Marketing – Teil 2: Kooperationen und Kosten.* Zugriff am 09.04.2018 unter https://www.ommax-digital.com/blog/influencer-marketing-teil-2-kooperationen-kosten/

Hellenkemper, M. (2018). The Perfect Fit: Wie jedes Unternehmen passgenaue und hochwertige Influencer identifiziert. In A. Schach & T. Lommatzsch (Hrsg.), *Influencer Relations* (S. 201-224). Wiesbaden: Springer.

Hilker, C. (2013). *Was ist Influencer Marketing?* Zugegriffen am 09.04.2018 unter http://www.hilker-consulting.de/in uencer-marketing/

Hovland, C. I., Janis, I. L., & Kelley, H. H. (1953). Communication and persuasion; psychological studies of opinion change. New Haven, CT, US: Yale University Press.

Hypr (2018). *Influencer Marketing: Welche Formate gibt es eigentlich?* Zugriff am 09.04.2018 unter http://www.hypr.agency/influencer-marketing-welche-formate-gibt-es-eigentlich/

Inreach (2017). *Influencer Marketing Leitfaden.* Zugriff am 03.04.2018 unter http://www.futurebiz.de/leitfaden-influencer-marketing/

Instagram (2018). *About us.* Zugriff am 09.04.2018 unter https://www.instagram.com/about/us/

Kilian, T. & Langner, S. (2010). Erfolgskontrolle der Online- Kommunikation. In T. Kilian & S. Langner (Hrsg.), *Online-Kommunikation* (S. 151-161). Wiesbaden: Springer Gabler.

Kirchmeier, R. (2018). Bloggen und Kooperationen: Aus der Perspektive von Mikro-Influencern. In A. Schach & T. Lommatzsch (Hrsg.), *Influencer Relations* (S. 303-313). Wiesbaden: Springer.

Kohring, M. & Matthes, J. (2003). Operationalisierung von Vertrauen in Journalismus. *M&K Medien & Kommunikationswissenschaft, 51*(1), 5-23. doi: 10.5771/1615-634X-2003-1

Krömer, L., Borchers, N.S. & Enke, N. (2018). Own the Follower: Wie lassen sich Influencer erfolgreich in den eigenen Unternehmenskanal einbinden? In A. Schach & T. Lommatzsch (Hrsg.), *Influencer Relations* (S. 107-128). Wiesbaden: Springer.

Krüger, A. (2016). Woher kommen plötzlich all diese Influencer? *W&V* [Online]. Zugriff am 15.04.2018 unter http://www.wuv.de/marketing/woher_kommen_ploetzlich_all_diese_influencer

Küster-Rohde, F. (2010). Glaubwürdigkeit im Rahmen der Marketingkommunikation und der Persuasionsforschung. In F. Küster-Rohde (Hrsg.), *Die Wirkung von Glaubwürdigkeit in der Marketingkommunikation* (S. 7-30). Wiesbaden: Springer.

Madsack (2018). *Was ist Instagram?* Zugriff am 09.04.2018 unter https://www.madsack-market-solutions.de/glossar/instagram/

Majolieeee (2018). *Instagram-Post.* Zugriff am 03.04.2018 unter https://www.instagram.com/p/BhWy4Kng9G6/?taken-by=majolieeee

Marques Brownlee (2018). *YouTube-Video.* Zugriff am 03.04.2018 unter https://www.youtube.com/watch?v=Gzy_nCkn88U

michielpieters (2018). *Instagram-Post.* Zugriff am 03.04.2018 unter https://www.instagram.com/p/BhCUPQ2hUuX/?tagged=tuigrammers

Miron, A.M. & Brehm, W. (2006). Reactance theory – 40 years later. *Sozialpsychologie, 37*(1), 3-12. doi: 10.1024/0044-3514.37.1.9

Mühle, C., Ziegler, B. & Eisenbrand, R. (2016). Testimonials neu erfunden. Influencer Marketing mit Celebrities und Social-Media-Stars. *Absatzwirtschaft, 1*(2), 78–80.

Nguyen, L.A. (2018). Influencer Relations – Der neue King of Content. In A. Schach & T. Lommatzsch (Hrsg.), *Influencer Relations* (S. 147-162). Wiesbaden: Springer.

Nilam Fraooq (2017). *Instagram-Post.* Zugriff am 03.04.2018 unter https://www.instagram.com/p/BZwNbJtDltP/?taken-by=nilam.farooq

Nirschl, M. & Steinberg, L. (Hrsg.). (2018). *Einstieg in das Influencer Marketing.* Wiesbaden: Springer.

Nela Lee (2018). *YouTube-Video.* Zugriff am 03.04.2018 unter https://www.youtube.com/watch?v=K7fuScjXYGo

Petty R.E. & Cacioppo J.T. (1986). The Elaboration Likelihood Model of Persuasion. In: R.E. Petty & J.T. Cacioppo (Hrsg.), *Communication and Persuasion* (S. 1-24). New York: Springer.

Pier, L. & Faber, K. (2018). You influence me and I influence them: Meinungsbeeinflussung durch Multiplikatoren am Beispiel der Pyramid of Influence. In A. Schach & T. Lommatzsch (Hrsg.), *Influencer Relations* (S. 49-57). Wiesbaden: Springer.

Pleil, T. (2018). Jenseits von Bibi & Co.: Influencer-Kommunikation für B2B- und für mittelständische Unternehmen. In A. Schach & T. Lommatzsch (Hrsg.), *Influencer Relations* (S. 61-74). Wiesbaden: Springer.

Rabach, T. (2018). Influencer Relations: Es kommt nicht auf die Größe an. In A. Schach & T. Lommatzsch (Hrsg.), *Influencer Relations* (S. 163-176). Wiesbaden: Springer.

Raithel, J. (Hrsg.). (2006). *Quantitative Forschung: Ein Praxiskurs.* Wiesbaden: Springer.

Reckenthäler I. (2015). Blogger Relations – wie Marken mit der Glaubwürdigkeit umgehen. In L. Steinke (Hrsg.), *Die neue Öffentlichkeitsarbeit* (S. 65-89). Wiesbaden: Springer Gabler.

Rössler, P. (Hrsg.). (2011). *Skalenhandbuch Kommunikationswissenschaft.* Wiesbaden: Springer.

Ruisinger, D. (Hrsg.). (2016). *Die digitale Kommunikationsstrategie: Praxis-Leitfaden für Unternehmen.* Stuttgart: Schäffer-Poeschel Verlag.

Schach, A. (2018a). Botschafter, Blogger, Influencer: Eine definitorische Einordnung aus der Perspektive der Public Relations. In A. Schach & T. Lommatzsch (Hrsg.), *Influencer Relations* (S. 27-48). Wiesbaden: Springer.

Schach, A. (2018b). Von Two-Step-Flow bis Influencer Relations: Die Entwicklung der Kommunikation mit Meinungsführern. In A. Schach & T. Lommatzsch (Hrsg.), *Influencer Relations* (S. 3-22). Wiesbaden: Springer.

Scheunert, L., Schlütz, D., Link, E. & Emde-Lachmund, K. (2018). Inspiration oder Störung? Ein Experiment zur Wirkung von Influencer-Werbung auf Instagram. In A. Schach & T. Lommatzsch (Hrsg.), *Influencer Relations* (S. 75-88). Wiesbaden: Springer.

Schüller, A. M. (2014). *Touchpoints: Auf Tuchfühlung mit dem Kunden von heute* (5., aktual. Aufl.). Offenbach: GABAL Verlag.

Schulz, C. & Grimm, S. (2015). Perspektiven und Wandel in der Digitalen Revolution. In L. Steinke (Hrsg.), *Die neue Öffentlichkeitsarbeit* (S. 31-48). Wiesbaden: Springer Gabler.

Schweins, R. (2016). *10 wichtige Fakten zur Zusammenarbeit mit Fashionbloggern*. Zugriff am 08.01.2018 unter https://www.styleranking.de/influencer/blog-news/10-wichtige-fakten-zur-zusammenarbeit-mit-fashionbloggern

Senadica (2018). *Instagram-Post*. Zugriff am 03.04.2018 unter https://www.instagram.com/p/BgWkXwXFi2I/?tagged=rabattcode

Tamblé, M. (2017). *Content Marketing und Influencer Relations*. Zugriff am 01.04.18 http://www.influma.com/blog/content-marketing-und-influencer-relations/

Users-Penetration-Germany-2016-2021-millions-change-of-population/207247.

Wabnitz, P. (2017). Der Wandel vom Influencer Marketing zu Influencer Relations. *W&V* [Online]. Zugriff am 22.04.2018 unter https://www.wuv.de/digital/der_wandel_vom_influencer_marketing_zu_influencer_relations

Webguerillas (2016). *Marketing Entscheider Online Survey*. Zugriff am 12.01.2018 unter https://www.territory-webguerillas.de/fileadmin/user_upload/PR_Material/160916_webguerillas_Studie_Marketing_Entscheider.pdf

Wenzel, B. (2016). *Einfluss gewinnen mit Influencer Marketing*. Zugriff am 03.04.2018 unter https://www.internetworld.de/onlinemarketing/influencer/einfluss-gewinnen-influencer-marketing-grundlagen-1113712.html

Wenzel, B. (2017). *Der gesunde Mix aus Glaubwürdigkeit gegenüber einer Marke und Einfluss auf die Zielgruppe beherrscht das Influencer Marketing.* Zugegriffen am 03.04.2018 unter https://espresso-digital.de/2017/11/27/bjoern-wenzel-der-gesunde-mix-aus-glaubwuerdigkeit-gegenueber-einer-marke-und-einfluss-auf-die-zielgruppe-beherrscht-das-influencer-marketing/

Wirth, W., Matthes, J., Schemer, C. & Stämpfli, I. (2009). Glaubwürdigkeitsverlust durch programmintegrierte Werbung? Eine Untersuchung zu den Kontexteffekten von Produktplatzierungen im Fernsehen. *Publizistik, 54*(1), 64–81.

YouGov (2017). *Influencer-Marketing: Gesponserte Inhalte werden von Nutzern angenommen.* Zugriff am 12.01.2018 unter https://yougov.de/news/2017/07/25/influencer-martketing-gesponserte-inhalte-werden-v/

YouTube (2018). *YouTube Presseinhalte.* Zugriff am 09.04.2018 unter https://www.youtube.com/intl/de/yt/about/press/